本书受山东省社会科学规划项目、山东省高等学校人文社科计划项目、山东省重大财经应用研究项目和山东科技大学学术著作出版基金资助

政府购买公共服务的主体行为研究

ZHENGFU GOUMAI GONGGONGFUWU DE ZHUTIXINGWEI YANJIU

常晋 著

中国财经出版传媒集团
中国财政经济出版社

图书在版编目（CIP）数据

政府购买公共服务的主体行为研究／常晋著．—北京：中国财政经济出版社，2018.8

ISBN 978－7－5095－8460－6

Ⅰ.①政… Ⅱ.①常… Ⅲ.①公共服务－政府采购制度－研究－中国 Ⅳ.①D630.1 ②F812.2

中国版本图书馆 CIP 数据核字（2018）第 192106 号

责任编辑：卢元孝　　　　责任印制：刘春年

封面设计：卜建辰　　　　责任校对：徐艳丽

中国财政经济出版社 出版

URL：http：//www.cfeph.cn

E－mail：cfeph@cfeph.cn

社址：北京市海淀区阜成路甲 28 号　邮政编码：100142

营销中心电话：010－88191537　北京财经书店电话：64033436　84041336

北京财经印刷厂印装　各地新华书店经销

710×1000 毫米　16 开　12 印张　192 000 字

2018 年 8 月第 1 版　2018 年 8 月北京第 1 次印刷

定价：58.00 元

ISBN 978－7－5095－8460－6

（图书出现印装问题，本社负责调换）

本社质量投诉电话：010－88190744

打击盗版举报热线：010－88191661、QQ：2242791300

前　言

改革开放以来，我国逐步推进公共服务供给制度和体系建设，公共服务提供方式和提供主体日益多样化，已经初步构成了由政府主导、公办民办并举、社会参与的政府购买公共服务这一新型公共服务供给模式。然而，相比社会公众日益增长的公共服务需求，许多方面的公共服务仍然存在着规模相对不足、发展尚不平衡和质量与效率不高等突出问题，亟须政府进一步强化公共服务职能，为社会公众提供更加优质、高效、方便、快捷的公共服务。为此，随着政府购买公共服务实践的纵深推进，政府相继出台了一系列相关的规章制度来规范政府购买公共服务实践。政府购买公共服务主体行为的实践发端于1995年的上海，并迅速扩展至全国范围。实践证明，实施多元主体协同推进政府购买公共服务是促进服务业发展、形成有效需求、完善公共服务提供方式的必由之路。

在此政策和实践背景下，政府购买公共服务主体行为的研究具有理论意义和实践价值。理论上政府购买公共服务主体行为的研究有利于，第一，阐释政府购买公共服务多元主体的构成。政府购买公共服务主体构成的研究是政府购买公共服务问题研究的逻辑前提。对于政府购买公共服务多元主体的研究，有助于进一步完善公共服务供给理论。第二，明确政府购买公共服务主体的行为边界。政府购买公共服务主体在购买服务中的权利、职责和分工各有不同。主体行为边界的划分是保障主体权利、监督主体履责、规范主体行为的前提条件。第三，构建政府购买公共服务主体行为的协同机制。对这一问题的研究不仅可以明确主体间的内在关系机理，而且可以进一步丰富现代财政制度建设中的多元主体治理理论。第四，拓宽我国社会组织管理理论研究。对社会组织在政府购买公共服务过程中的参与方式、参与程度、参与效果等问题的研究，可以拓宽对社会组织登记、审查、评审等社会组织管理理论方面的研究。

我国政府购买公共服务是历史发展、社会变革和政府转型的必然产物。

它起源于我国改革开放和政府公共行政改革的历史背景，扩展于全面深化改革和全面建设小康社会的历史进程，扎根于我国经济转型、社会发展和国家治理的深厚土壤，蓬勃发展自我国全面深化政府和社会治理改革的鲜活实践，蕴含着特定的发展和改革的深刻内涵。现阶段对政府购买公共服务的主体行为进行研究的现实意义在于，有助于更好地满足人民群众不断增长的公共服务需求，能够为促进政府职能转变提供可行的途径，有利于创新公共服务供给体制，促进社会基本公共服务的公平正义，为事业单位身份重构过程中治理能力的提升提供有效载体。

本书主要论述的相关内容包括：第1章，绪论。在阐述选题背景和研究意义基础上，对国内外有关政府购买公共服务主体的界定、主体行为的实践考察与国际经验借鉴以及规范主体行为的文献进行了梳理；特别对国外文献关于多主体参与购买服务的必要性和各参与主体的行为等方面的研究进行了综述。随后在评析现有研究成果的基础上，论证本书研究的主要研究内容和研究方法，并指出可能的创新点和不足之处。

第2章，政府购买公共服务主体行为的理论分析。本章首先对政府购买公共服务的概念进行阐述，界定政府购买公共服务主体体系的构成和内涵。其次，基于公共产品理论、新公共服务理论和多中心治理理论，本章探讨购买主体、使用主体、承接主体和评审主体四元主体参与政府购买公共服务的理论依据。最后，运用委托代理理论、协同理论和平衡计分卡理论，分析主体行为的激励约束机制和协同机制，探索构建评价指标体系对主体行为评价的方法。

第3章，政府购买公共服务主体行为的边界划分与协同机制。本章在明确政府购买公共服务主体结构的基础上，分析划分主体行为边界的基本机理，明确四元主体的行为边界和职责范围；同时，研究主体行为的协同机制，厘清协同机制的内涵、构成要素和运行机制。

第4章，政府购买公共服务主体行为的激励约束机制。主体行为的激励约束机制主要包括主体体系的激励约束机制和主体间激励约束机制两个部分内容。本章首先分析了对主体体系进行激励约束的必要性，阐明主体体系的激励约束机制中主要的激励方式与约束条件。其次，在链式二重委托—代理关系的框架下，明晰使用主体对购买主体的激励约束机制作用原理，并运用2007～2015年中国省级面板数据，从实证角度验证了使用主体对购买主体的激励约束水平和激励约束机制的实际效果。最后以传统双边委托－代理关系机理为理论基础，构建购买主体对承接主体和评审主体的最优激励约束水平模型，通过实践中具体的服务购买项目验证了这一模型的有效性。

第5章，政府购买公共服务主体行为的现实考察。本章首先对四元主体参与政府购买公共服务的行为动因进行了分析，阐述了影响主体行为表现的内在作用机理。其次，通过对国内外政府购买公共服务实践的现实考察，梳理政府购买公共服务的推进进程和发展脉络，探讨四元主体行为取得的实践成效。

第6章，政府购买公共服务主体行为的评价。借鉴企业绩效管理中的平衡计分卡理论，本章首先在模型设计、指标拟定和权重赋值的基础上构建了对政府购买公共服务主体行为的评价体系。其次，通过对主体行为评价结果的分类和整理，分析主体体系、主体行为以及主体行为的协同机制存在的主要问题。最后从主体间的信息不对称、主体行为的激励不到位和主体行为的约束不匹配三个方面阐述了主体行为存在问题的原因。

第7章，规范政府购买公共服务主体行为的政策建议。本章首先从提升购买主体购买服务能力、加大使用主体参与购买力度、提高承接主体承接生产效能和完善评审主体监督评审制度四个方面提出了规范主体行为的建议。并在此基础上，建议从树立公众服务导向的协同理念、引入市场竞争机制的协同方式、培育社会力量参与的协同组织和构建四元主体互动的协同体系四个方面架构多元主体协同推进的治理机制。

本书的创新点在于，第一，研究视角的创新。相比于既有的研究文献，基于四元主体视角审视政府购买公共服务主体行为，分析主体行为的边界划分与协同机制，研究主体行为的激励约束机制，拓展了研究思路，增强了研究的完整性。第二，研究内容的创新。综合运用公共产品理论、新公共服务理论和多中心治理理论，明确界定政府购买公共服务主体的内涵、构成与行为边界，从而为主体行为研究提供逻辑起点和必要前提。在研究主体间逻辑关系、协同机制、激励约束机制方面，将委托代理理论、协同理论和平衡计分卡理论作为基本支撑，提升了研究的系统性和规范性。第三，研究方法的创新。首先，通过构建链式二重委托—代理关系下购买主体的收益分享模型，采用全国31个省、自治区、直辖市的面板数据，分析出使用主体对购买主体的激励约束水平及激励约束效应的相关性。其次，基于委托代理理论，构建三阶段不完全信息下的博弈模型，测算出购买主体对承接主体、评审主体的最优激励约束水平，并通过实际案例验证模型的可行性与有效性。最后，借鉴企业绩效管理中的平衡计分卡理论，构建政府购买公共服务主体行为的评价体系，对政府购买公共服务主体行为的实施效果进行评价，为分析四元主体的失范行为提供现实可靠的依据。

本书的不足之处在于：第一，鉴于我国各地地方政府购买公共服务实施的时间、内容、模式的不同，本书考察各个主体行为方面存在不全面的问题，研究结论可能带有一定的局限性。第二，公共服务的类型多样，供给情况也各不相同，因此在推行不同地区、不同类型公共服务的政府购买进程中，其管理办法、运行机制上也会有所差异。由于具体类型的公共服务购买数据较少，这一点在本书的研究中反映得不够深入，还缺少有针对性的分类分析。第三，宏观层面偏重于定性分析，定量分析相对较少。由于我国政府购买公共服务实践多由基层政府主导，主体行为样本分散且具有较大的异质性，宏观层面大样本的定量分析难以进行，研究方法以定性分析为主。

作　者

2018 年 3 月

目　录

第1章 绪　　论

改革开放以来，我国逐步推进公共服务供给制度和体系建设，公共服务提供方式和提供主体日趋多样化，已经初步构成了由政府主导、公办民办并举、社会参与的政府购买公共服务这一新式公共服务供给模式。然而，相比社会公众日益增长的公共服务需求，一些方面的公共服务仍然存在着规模相对不足、发展尚不平衡和质量与效率不高等许多突出问题，亟须政府进一步完善政府购买公共服务制度，强化公共服务职能，为社会公众提供更加优质、高效、方便、快捷的公共服务。因此，结合我国的国情现况，从多元主体的视角对政府购买公共服务的推进机制和运行原理进行研究，考察政府购买公共服务的主体行为实践并进行评价，并进一步对如何规范政府购买公共服务的主体行为提出政策建议，是完善政府购买公共服务制度的有效途径，也是解决公共服务有效供给不足的根本所在。

1.1 选题背景与研究意义

1.1.1 选题背景

随着政府购买公共服务实践的纵深推进，2013 年 9 月 26 日，国务院办公厅在出台《国务院办公厅关于政府向社会力量购买服务的指导意见》中提出，“到 2020 年，在全国基本建立比较完善的政府购买公共服务制度。①” 意见对政府购买公共服务的概念做了表述，并首次提出和明确了购买主体和承

① 中华人民共和国国务院办公厅．国务院办公厅关于政府向社会力量购买服务的指导意见［EB/OL］．http：//www.gov.cn/xxgk/pub/govpublic/mrlm/201309/t20130930_66438.html，2013－09－16.

接主体的概念。2013 年 11 月 12 日，十八届三中全会在全面正确履行政府职能这一部分中，专门论述了政府购买公共服务问题，其中明确指出宏观购买主体的职责是宏观调控职责，而微观购买主体需履行公共服务、市场监管、社会管理、环境保护等职责。同时会议还明确了购买服务的范围是事务性管理服务、购买方式是合同、委托等方式，并首次提出通过购买服务支持事业单位改革。2014 年 4 月 14 日，财政部发布《关于推进和完善服务项目政府采购有关问题的通知》对购买主体的购买流程进行了梳理和规范，对评审主体的工作进行了指导[①]。2016 年 6 月，国务院办公厅进一步发布《国务院办公厅关于成立政府购买服务改革工作领导小组的通知》，明确了领导小组的主要职责，标志着政府购买公共服务迈入全面落实的时代[②]。

政府购买公共服务主体行为的实践发端于 1995 年的上海，浦东新区社会发展局兴建了罗山市民休闲中心后交由上海基督教青年会管理，于 1998 年将政府养老服务一并委托。近年来一些地区购买主体立足于本地经济和社会发展实际，积极探索如何开展向社会力量购买服务，取得了一些成效，在经费管理、工作制度和政策指导等环节形成了许多好的做法和经验。

作为使用主体社会公众也初步加入到公共服务购买中来。成都市的社区居民以户为单位选择议事代表，自下而上决定公共服务资金的使用。在宁波市居家养老服务的购买中，使用主体积极发挥作用监督评价服务人员的工作时间、工作质量。这种方式既保证了每年公共服务资金使用的针对性，也提高了社会公众的参与能力，使得购买服务工作取得良好的效果。

作为主要承接主体的社会组织在政府购买公共服务中迅速成长。自 2013 年中央密集出台相关政策以来，社会组织在总体数量上增长迅速。近十年来，广东省社会组织数量平均增长将近 10%[③]。2008 年年底至 2013 年年底，四川省社会组织总数从 28345 个上升到 35461 个，净增幅 25.1%[④]。可见，在政府购买公共服务的推动下，社会组织作为承接主体获得了极大的发展契机，成长为公共服务供给体系中不可忽视的力量之一。

---

① 中华人民共和国财政部．关于推进和完善服务项目政府采购有关问题的通知［EB/OL］．http：//www.gov.cn/xinwen/2014－04/24/content_2665752.htm，2014－04－24.

② 中国人民共和国国务院．国务院办公厅关于成立政府购买服务改革工作领导小组的通知［EB/OL］．http：//www.gov.cn/zhengce/content/2016－06/27/content_5085957.html，2016－06－27.

③ 广东省社会工作委员会．广东省社会建设发展报告（2013～2014）［R］．38－39.

④ 郭晓鸣．四川社会发展报告（2015）［M］．社会科学文献出版社，2015.

评审主体对政府购买公共服务的评估工作也已起步。广东省东莞市的评估分为立项评估、前期评估和中后期评估三个环节，包含机构自查、实地检查和联合验收三项内容。上海市部分项目由社会组织联合会作为第三方机构对项目过程进行实时评估。地方各级政府结合本地区经济社会发展实际和社会公众的实际需求，积极稳妥、因地制宜地推进政府购买公共服务工作。

近年来关于政府购买公共服务及其主体行为问题一直是学界关注的热点。根据研究文献数量，自2008年以来的学术关注度大致可以分为三个阶段（见图1-1）：一是2008~2011年，文献数量在个位数，处于初步探索阶段；二是2012~2014年，文献数量迈入两位数，进入平稳增长阶段；三是2015年至今，趋向快速增加阶段。在此背景下，对政府购买公共服务的主体行为研究进行系统性的梳理和深入分析就显得尤为迫切和必要，以便为进一步深入研究奠定基础。

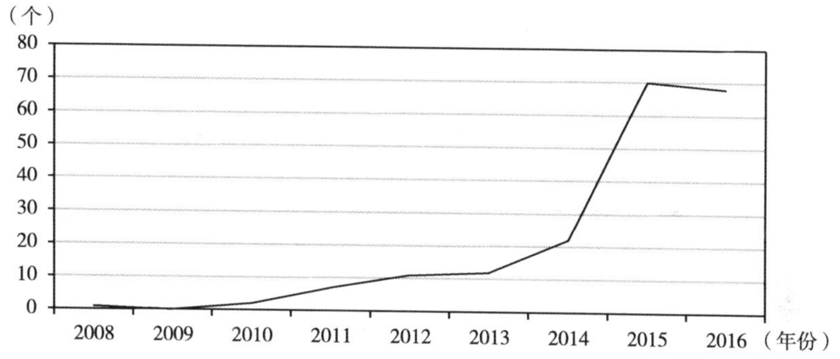

图1-1 学术关注度动态变化曲线

资料来源：根据以“政府购买公共服务”为关键词检索的中国知网相关文献的数据整理得出。

1.1.2 研究意义

在政府主导推进、地方积极实践以及学界高度关注的背景下，本书基于主体视角对政府购买公共服务问题进行研究和探索，在理论层面和实践环节均具有较为重要的意义。

（1）理论意义。

第一，阐释政府购买公共服务多元主体的构成。在传统的公共服务供给体制下，公共服务供给的主体构成相对单一，政府身兼生产者、提供者、监督者、评审者和买单人等多重身份。政府购买公共服务机制的构建要求，

“公共服务的供给和生产分离[①],”公共服务的提供者和生产者不再是同一主体，“公共服务最终通过成本核算决定由政府还是社会力量进行生产”[②]。因此，对于政府购买公共服务多元主体的研究，有助于进一步完善公共服务供给理论。

第二，明确政府购买公共服务主体的行为边界。政府购买公共服务主体在购买服务中的权利、职责和分工各有不同。主体行为边界的划分是保障主体权利、监督主体履责、规范主体行为的前提条件。传统的公共服务供给机制特点是政府直接向社会公众生产和提供公共服务，或是通过事业单位向社会公众提供公共服务。各个主体间的关系以公共权力为纽带，具有极强的政治属性。而政府购买公共服务的主体间关系以契约责任为基础，具有较强的市场属性。对购买公共服务主体行为的研究可以从结构视角划分不同主体的责权和活动边界，并使之按照市场契约有机联系和组合。一方面，主体行为以边界为依据，能够避免越界侵权行为的发生；另一方面，主体行为以边界为准绳可以防止缺位失职行为的出现，因而对政府购买公共服务主体行为边界的研究有助于充实公共服务提供中政府与市场的关系理论。

第三，构建政府购买公共服务主体行为的协同机制。政府购买公共服务主体为了达到预期目标，基于不同的行为动因参与实施政府购买公共服务。各个行为主体之间既相互独立，又相互影响、相互作用和相互协同，而协同机制的构建是政府购买公共服务制度有效实施的重要保障。对这一问题的研究不仅可以明确主体间的内在关系机理，而且可以进一步丰富现代财政制度建设中多元主体治理理论。

第四，拓宽我国社会组织管理理论研究。对社会组织在政府购买公共服务过程中的参与方式、参与程度、参与效果等问题的研究，可以拓宽对社会组织登记、审查、评审等社会组织管理理论方面的研究。

（2）实践价值。

我国政府购买公共服务是历史发展、社会变革和政府转型的必然产物。它起源于我国改革开放和政府公共行政改革的历史背景，扩展于全面深化改革和全面建设小康社会的历史进程，扎根于我国经济转型、社会发展和国家治理的深厚土壤，蓬勃发展自我国全面深化政府和社会治理改革的鲜活实践，

---

① 迈克尔·迈金尼斯．多中心体制与地方公共经济［M］．毛寿龙译．上海：三联书店，2000.

② 文森特·奥斯特罗姆．美国地方政府［M］．井敏，陈幽泓译．北京：北京大学出版社，2004：106.

蕴含着特定的发展和改革的深刻内涵。现阶段对政府购买公共服务的主体行为进行研究的现实意义在于：

第一，有助于更好地满足社会公众不断增长的公共服务需求。现阶段，公共服务的供给与社会公众日益增长的对公共服务的需求还不相适应。引入政府购买公共服务机制并规范购买主体的行为，能够提升政府公共服务供给能力，提高公共服务质量，进而提升公共资源配置效率。

第二，能够为促进政府职能转变提供可行的途径。国家治理现代化的关键在于政府治理的现代化，推进政府治理现代化的逻辑前提是转变政府职能，政府职能转变的核心在于正确处理政府与市场、社会的关系。规范政府购买公共服务主体行为的有益于理顺政府与市场、社会之间的关系，“使政府真正转变成为有限、有效、有能、有责和有为的政府”①。

第三，为事业单位身份重构过程中治理能力的提升提供有效载体。事业单位改革在党的十八届三中全会上再次被划定为改革的关键领域。全会明确指出通过加大政府购买公共服务力度和推进事业单位分类改革，进一步推动公办事业单位理顺与主管部门关系，实现去行政化。在事业单位改革中，分类是改革的前提条件，去行政化是改革的关键环节，而与分类、去行政化密切相关的则是组织绩效。作为事业单位改革中的重要内容，政府购买公共服务是改革进程中的落脚点和重要抓手，是在身份重构过程中事业单位提升治理能力的主要载体与有效途径。规范政府购买公共服务主体行为，有助于形成事业单位改革中的双轮驱动，实现事业单位治理能力的有效提升。

1.2　文献回顾与评述

20世纪90年代以来，我国政府一直致力于探索降低行政成本、提高政府公共服务质量与行政效率的改革途径，政府购买公共服务是行政改革过程中产生的新的政府治理模式。因此，政府购买公共服务也成为学术界研究的热点问题。总体来看，研究主要聚焦于什么是政府购买公共服务、政府如何购买公共服务以及政府为什么采取购买的方式提供公共服务三个方面，研究

① 王浦劬，郝秋笛．政府向社会力量购买公共服务发展研究：基于中英经验的分析［M］．北京：北京大学出版社，2016.

重点主要围绕政府购买公共服务的内涵与本质属性、理论依据与时代背景、基本思路与方法、国内实践与经验教训、国外经验借鉴五个维度展开。就政府购买公共服务的主体行为而言，研究文献主要集中在以下四个方面。

1.2.1 政府购买公共服务主体的界定

关于政府购买公共服务主体的界定，学界主要从两个层面进行研究：一是政府购买公共服务主体的构成；二是政府购买公共服务的主体内涵。

（1）政府购买公共服务主体的构成。

多主体参与的研究始于亚当·斯密（1776）公共工程由政府部门“投资兴建、私人维护经营”① 的思想。亚当·斯密认为，公共设施也可由私人部门生产提供，由政府生产和提供并非唯一可行的途径。1959 年以来，许多学者提出了多主体参与公共服务供给的观点。马斯格雷夫（1959）提出公共服务的供给并不意味着服务的管理也由政府部门来承担。奥斯特罗姆夫妇（1977）进一步明确提出公共服务私人生产的方式。汉森（1987）认为很多情况下公共服务生产可以按照政府设定的标准由其他部门进行。欧文·E. 休斯（2001）指出，许多国家公共服务供给的主要形式是公共服务购买，政府扮演了合同承包商的角色。萨拉蒙（2008）系统性总结各国突破传统公共行政理论的束缚而开创的公共服务多元化的供给模式。

国内学界对政府购买公共服务主体构成的研究经历了一个从一元主体结构到多元主体结构的发展过程。徐家良、赵挺（2013）和章辉（2014）认为政府购买公共服务的参与者中政府处于主导地位，是唯一的主体。杨宝、王兵（2011）和范燕宁（2013）指出政府购买公共服务的主体是由购买主体和承接主体两个部分构成的。董云芳（2013）、贾博（2014）、项显生（2015）、苗红培（2016）、崔广胜（2017）等认为政府购买公共服务主体还应该包括公共服务的消费者，也就是公共服务的使用主体。王箭（2014），季璐、王青平、范炜烽（2016）等学者将政府购买公共服务的主体构成扩展为四元主体，即购买主体、使用主体、承接主体和评审主体。

（2）政府购买公共服务主体的内涵。

在购买主体的界定方面，徐家良、赵挺（2013）指出，购买主体既包括

① 亚当·斯密．国民财富的性质和原因的研究（下卷）［M］．北京：商务印书馆，1996.

一级政府，也包含政府相关部门，章辉（2014）提出购买主体是《政府采购法》中明确规定的各级团体组织、事业单位和国家机关。

在使用主体的界定方面，顾江霞（2013）认为是代表服务对象的不同利益团体，任建新、李洁（2012）认为是社会公众，即一切公共服务的使用者和消费者。

在承接主体的界定方面，范燕宁（2013）提出，承接主体是一切具备资质的社会力量，贾康（2014）认为是各类社会服务机构；许益军（2014）认为应包括私营公司、非政府组织或者其他社会法人团体；易志坚、汪晓林、王丛虎（2014）认为，除政府外的其他组织或者个人都是承接主体；崔广胜（2017）认为只有社会组织是政府购买公共服务的回应者，是承接公共服务和向公众提供服务的主体。

关于评审主体的界定，张雅勤、陈秀峰（2010）认为，评审主体包括政府、独立的第三方、捐赠方、公众、媒体等监督主体；赵环、严骏夫和徐选国（2014）将评审主体定义为独立于政府部门、被评审社会组织以及其他利益相关方的第三方机构。

1.2.2 政府购买公共服务主体行为的分析与评价

国内学者对政府购买公共服务主体行为的分析和评价是基于对地方政府购买公共服务实践的考察，并围绕四个主体来展开的。

（1）购买主体的行为。

国外关于购买主体行为的研究主要集中在购买范围、购买方式和购买主体职责界定三个方面。在购买范围方面，有两种不同的代表性观点：一种具有代表性的极端的观点是所有的公共服务都可以购买，另一种更为广泛接受的观点是认为绝非所有的服务都适合购买。Donahue（1989）认为按照对服务的责任心和公正性要求的高低来划分，要求低的公共服务可以交给私人组织提供，要求高的公共服务则应该交给政府提供。Boston（1996）指出政策制定和建议、规划、规制、法律强制执行和应急服务等传统职能不能被购买。Oliver Hart（1997）认为服务质量较易度量的公共服务才能购买。Kevin Lavery（1999）提出适合合同购买的服务项目具有可描述性较高、监督容易和竞争程度高的特点。

在政府购买公共服务的方式方面，萨瓦斯（2002）指出发达国家在长期的公共服务购买实践中，以提高服务质量为目标，依据服务的性质，采用了包括补贴制度和消费券、个人账户直接付款、合同出租、公私合作等在内的多种购买形式。John A. Rehfuss（1989）研究表明，美国政府提供的公共服务主要是通过公共服务购买的方式，并测算出美国政府约55%的公共服务费是通过公共服务购买的方式支付的。迈克尔·迈金尼斯（2000）提出，政府购买服务的方式应包括开办自营企业、服务外包、凭单式购买、混合提供等。

关于购买主体的职责，迈克尔·迈金尼斯（2000）认为体现在以下三个方面：征税和支出决策、明确公共服务的类型和水平、安排公共服务的生产和监督。登哈特（2004）提出政府职责应定位于“划桨”而不是“掌舵”。戴维·奥斯本和特德·盖布勒（2006）认为，政府的职责在于为公共服务供给提供政策支持。

王清、琚泽钦（2010）研究了深圳西乡政府购买公共服务的流程，分析了购买主体在经费投入、项目招标程序、采购方式、主要购买事项等方面存在的主要问题及其对购买效率的影响；句华（2010）审视了上海市民政部门购买公共服务的实践，认为购买主体作用的有效发挥受到承接主体服务质量和培育承接主体市场的限制；徐家良、赵挺（2013）运用文献资料法与访谈法，探讨了上海市购买主体在法律制度保障、预算管理、信息沟通等方面存在的问题；郑卫东（2013）阐释了上海市购买主体在政府放权让利、鼓励社会团体成长、保持社会组织独立性、实施政府监管等方面存在的问题。欧阳航、赵月、杨舒慧（2017）提出，从市场需求和供给的角度来看，我国政府在购买公共服务时存在供需错配、供给偏差、供给不均和供给竞争缺乏等四个方面的供给缺陷。

（2）使用主体的行为。

Henry Hansman（1980）提出了公共服务供给的契约失灵论，并据此认为，非营利组织（NGO）因为没有营利分配的顾虑，所以欺诈行为较少，在服务供给中与营利企业相比更有优势。Peter Graefe（2004）研究表明，社会力量在成本控制、创新体系和反馈机制等方面更有作为，可以在服务供给方面以较低的社会成本实现社会福利水平的较大提升。

霍卓莉（2015）认为使用主体所在地区的经济发展程度影响了其行为的发挥，受到当地政治、文化、意识形态的影响，欠发达地区的社会公众会对政府购买公共服务接受程度较低，而发达地区的社会公众思想活跃，相对而言更容易接受政府购买公共服务。李洪山、范思阳（2017）提出使用主体在政府购买公共服务中存在参与缺失、参与失效和参与无序的问题，可以借鉴托马斯的公民有效决策模型和刘红岩的公共决策有效参与模型作为模型构建的基础框架，为公民参与政府购买公共服务提供技术与方法的支持。

（3）关于承接主体行为。

Burton Weisbrod（1972）认为，在政府倾向于满足中位选民意愿的情况下，无法满足使用主体过量和个性化的需求。Henry Hansman（1980）提出，使用主体由于缺乏足够的信息而难以对公共服务的质量进行监管。

俞可平（2006）认为，我国社会组织同时面临着制度剩余与制度匮乏并存的问题，这是制约社会组织快速健康发展成为政府购买公共服务承接主体的主要原因。薛无瑕、蒋省三、裴建、蔡建旺（2013）对温州市社会组织作为承接主体的能力及意愿进行了调查分析，提出财政经费是研究政府向社会组织购买服务应考虑的一个问题。杨燕英、杨琼、刘腾飞（2017）认为承接主体由于服务意识不强、缺乏战略思考、从业人员自主性差、流动性大、专业性不足，业务内容与需求对接不紧密等原因，承接公共服务整体能力不强。

（4）关于评审主体的行为。

国外学者对评审主体行为的研究是从政府购买公共服务绩效评审的视角展开的。这方面的研究集中体现在以下三种观点：一是认为政府购买公共服务的行为完全没有效果，甚至会损害市场运行的效率。Ohlsson（2000）研究了瑞典115个市级垃圾处理样本，发现公共提供比私人提供成本更低。二是政府购买公共服务的行为提高了资源配置的效率。Debiprosad Majumdar（2004）运用问卷调查方法和面对面交谈方法，评价向志愿机构提供政府购买公共服务的效果，得出志愿机构的加入提高了资源配置效率的结论。VeikoLember，Kenneth A. Kriz（2010）以爱沙尼亚社会保险服务的购买为例研究东欧转型国家政府购买公共服务问题，并采用问卷调查方法对政府购买公共服务的绩效进行评价，认为这一购买行为提高了公共服务供给的绩效。三是政府购买公共服务主体行为的效果还不明确。Barbara Peat，Dan L. Costley（2008）运用计量模型来说明购买机制运行的影响因素，指出这些因素的具体实践情况决定了政府购买公共服务的最终实施效果。

陆春萍（2011）研究表明，政府购买公共服务事后的项目绩效评估体系有待完善，而这直接影响到评审主体行为的规范程度；赵环、严骏夫和徐选国（2014）认为，目前尚未建立健全评估和监督政府购买公共服务的规范体系，从而使得服务提供成本难以控制，降低了资源配置的效率。

1.2.3 政府购买公共服务主体行为的国际经验

（1）关于购买主体行为的国际经验。

陈书洁、张汝立（2011）研究比较了美国与英国政府购买社会公共服务实践，认为不同国家在长期发展中形成了各异的政府社会服务观，这一观念影响了公共服务改革的趋势并最终趋于稳定。杨宝、王兵（2011）建立了一套比较不同国家政府购买公共服务模式的指标体系，模式以政府购买公共服务的制度化程度、承包方的竞争性以及购买主体间的关系为主要分类依据。韩丽荣、盛金和高瑜彬（2013）指出，日本政府购买公共服务制度在目标设置、法律法规的建设以及项目的筛选程序方面对我国有很多有益的启示。彭婧（2015）认为新西兰政府通过基于议行分离和绩效标准来重构政府职能部门和创新管理机制，推行以民营化方式改革公共事业机构，实施合同任命突破传统文官制度等实践探索，在一定程度上提升了公共服务质量，促进了公共责任的实现。雷咸胜（2015）分析了英国、法国以及中国香港地区的实践模式，认为推进政府购买公共服务需要在顶层设计层面通过制定和修改法律制度，在实践操作环节科学设定管理体制、运行体制和监控体制，相互结合规范政府购买公共服务的主体行为。

（2）关于使用主体行为的国际经验。

王余生（2016）介绍了英国使用主体主导的公共服务供给体制。使用主体的个人偏好、价值选择、预期规划和用户需求等综合因素成为选择公共服务供给的主要依据。公共服务的供给依据使用主体对公共服务的基本需求和重点领域，依次制定公共服务的清单，以使用主体的意向为重要参照确定公共服务领域的资金投入，以使用主体的满意度作为划拨资金的重要维度。

（3）关于承接主体行为的国际经验。

吕孝礼、潘宇舟（2016）认为德国地区间财政转移支付政策从财力上确保为国民提供均等化的基本公共服务，从而为非营利组织提供了经费保障；不断完善的法律制度更好地规范了非营利组织准入制度、员工培训与管理，并鼓励利益相关者参与服务监督以提高服务质量。借鉴德国经验时也必须认识到，德国的非营利组织广泛参与与其国家和社会所倡导的自治准则及非营利组织发展密切相关。张豪、张向前（2017）介绍在日本的三元社会结构中，政府部门、私人企业和社会组织形成良性互动。日本承接主体通过参与紧急援救、环境保护、社会福利、社区营造和国际事务等领域的活动弥补日本政府部门的失灵，并通过政府购买服务从政府那里获得资金支持。

（4）关于评审主体行为的国际经验。

吕外（2014）介绍了美国评审主体行为具有可靠的法律依据和制度保障，重点对政府购买公共服务流程进行评审。麻富根（2014）在对以英、美、日、欧盟等为代表的发达国家（地区）政府购买公共服务实践分析的基础上，认为其完善的法律体系和严格的监督机制保障是其评审主体实施评审行为的主要基础。

1.2.4 规范政府购买公共服务主体行为的对策

（1）购买主体。

马海涛、王东伟（2014）通过考察我国地方政府购买公共服务的实践，认为地方政府作为购买主体应综合考虑公共服务特点和当地实际情况，充分借鉴上海模式（思路清晰、制度完善）、广东模式（积极培育社会组织、服务目录详细）、无锡模式（购买范围广泛、监督体系完备）的经验做法，探索和灵活运用流程购买、公私合作、政府津贴和凭单支付的购买方式。孙彩虹（2016）提出购买主体通过建立购买公共服务各方主体的权责关系制度和购买公共服务的决策制度，健全对承接主体的公开选择和购买服务过程监管制度以及对公共服务结果的评估制度，可以促进政府购买公共服务的规范化、制度化和法治化。

（2）使用主体。

许芸（2009）通过考察社会福利服务使用主体需求的优先序，提出了社会福利服务购买应优先满足最急需特定群体的需求，确保有限的资金发挥最大的使用效益。胡宏伟、严晏和时媛媛（2011）建议在确定养老服务使用主体方面，构造居民评估工具（resident assessment instrument）系统，使用最小值设定（minimum data set）评估工具，从认知能力、视力功能、营养状况、沟通能力、日常活动功能、社会心理健康、情绪状态等18个方面来进行评估。

（3）承接主体。

郎晓波、俞云峰（2011）提出，承接主体可以通过公共服务社区化、与政府签订承包合同、特许经营、接受政府资助或享受免税待遇优惠政策等方式参与公共服务供给。朱晓红、陈吉（2012）通过对北京市政府向社会组织购买服务的组团模式的解读，认为该模式具有极大的社会价值，可以解决当前承接主体面临的困境。王箭（2014）认为，制定承接主体审查标准和构建进入、退出机制是创新政府购买公共服务机制的重要取向。杨燕英、杨琼、刘腾飞（2017）提出应当从增强公共服务意识、制定发展战略规划、完善内部治理结构、提高专业能力水平等方面入手，提高承接主体承接公共服务的能力。

（4）评审主体。

李德、黄颖（2011）介绍了香港政府通过建立社会工作者注册制度、服务表现监察制度，成立“合约管理部组”监察和检查合约执行来提高评审水平的先进经验。储亚萍（2012）提出了评审主体机构设置的思路是既可以设立新的机构，也可以委托独立的第三方，但无论采取哪种方式，政府都承担最终的考核与监管责任。李卫东（2014）提出了应引入第三方评估机制，通过对购买服务的综合绩效评价达到及时发现问题、解决问题、优化制度的目标。钱海燕、沈飞（2014）认为评审主体可以运用DEA（数学包络分析）模型来衡量地方政府购买居家养老服务的财政支出效率。孙晓莉（2015）研究了监管在保证政府购买公共服务预期目标实现中的重要性，认为政府与社会力量合作进行监管，尤其注意发挥第三方评审主体的作用。蔡秀云、张晓丽（2015）以善治视角下社会组织供给公共文化服务的财政激励问题为研究对象，通过构建社会组织供给公共文化服务指标体系，采用因子分析方法，对我国31个省、自治区、直辖市情况进行分析得出其主要影响因素，进而探究引导社会组织参与公共文化服务供给的财政激励路径。孙浩、龚承（2016）认为服务效能内涵和价值取向的多维性决定了评审主体构建的对社会组织承接公共服务效能的评价体系需从服务成本、服务效率、公众满意、公众参与、服务能力等五个维度予以设计。

1.2.5 文献评述

国外对政府购买公共服务主体行为的研究主要基于跨学科的视角展开。一是从法学的角度分析公共服务购买合同制定和执行涉及的法律主体、法律事项和法律关系；二是从信息经济学的角度探讨政府在公共服务购买招标过程中对承接主体的信息搜集、信息不对称问题；三是运用制度经济学交易成本的相关理论论述公共服务购买的作用机制。在研究方法方面，大多运用定量分析方法和归纳法。在研究的具体内容方面，涉及公共服务购买主体行为的动因、类型、影响因素、作用机制、绩效评价等。这些研究成果为该领域的研究奠定了理论基础并提供了启发性的思路。在政府购买公共服务主体行为研究方面，国内文献主要运用规范分析方法，侧重于对购买主体和承接主体行为的研究，这些研究成果为该领域的进一步深入研究提供了有益的借鉴。然而，国内外的研究成果在一定程度上还存在着不足之处，主要表现在以下五个方面：

第一，研究仍处于初级阶段。当前我国有关政府购买公共服务主体行为的文献多针对具体问题进行阐述，但对主体的构成及内涵、主体的职责界定、主体间关系探索、主体行为的评价和主体行为的激励因素等这些基础问题还存在较大争议，尚未达成共识。

第二，研究基础相对单一。在现有的研究文献中较多的研究基础来自于行政管理、经济学、财政学学科，而社会学、教育学、政治学、工商管理学、新制度经济学等其他学科的相关研究还比较少，还有待于进一步加强。国内现有的文献也同样没有基于多学科背景对该问题进行研究。

第三，分析框架还不健全。现有的研究文献多是在部分主体行为的分析框架下进行探讨，其中较为突出的是对购买主体与承接主体的行为及其有代表性的政社关系进行研究，未能反映出政府购买公共服务主体行为的概况，较易以偏概全，有失研究的客观性和全面性。在研究政府购买公共服务主体行为方面，政府和市场活动边界的划分、社会组织的规模且运转良好的机制、合同法的规范程度，以及社会契约精神的接受度等都是相关的制度配套因素，国内外在这些方面的研究相对而言还需要进一步系统化，从而使得对该领域的研究更具有全面性。

第四，研究内容多是基于具体案例展开。受我国政府购买公共服务实践先于政策制定实施的客观现实影响，许多学者从某一地区某一具体政府购买公共服务的主体行为出发进行研究，围绕这一案例对相关主题进行研究。这种研究范式使得主题研究相对片面，对共性问题的研究缺少支撑。国外对政府购买公共服务主体行为的研究一般都是对通过某一地区或某一特定购买事项的研究来提出问题、分析问题，而没有通过总结共性的东西把研究上升到制度、机制或模式等宏观层面，这使得一些政府购买公共服务的主体行为的有益经验不能有效推广到更多地区和领域，也致使一些实践中所暴露出来的问题不能被及时发现与解决。

第五，研究方法使用定性方法较多，定量方法较少。国内大部分文献无统计运用，少量定量分析研究着眼于微观领域，大样本统计分析等大规模的实证分析欠缺。国外对政府购买公共服务主体行为的定量分析多是在具体的购买项目上运用相关计量分析方法进行研究，而对宏观层面政策实施的必要性与可行性、主体行为的绩效分析、主体行为的内在作用逻辑等方面的定量分析相对较少。定性方法的单独使用由于缺少数据支撑，使得研究结论缺乏说服力，而定量方法运用的缺失不利于我们准确把握政府购买公共服务的主体行为实践的现状和进展情况。

1.3 研究内容与研究方法

围绕政府购买公共服务主体行为研究这一主线，本书在界定政府购买公共服务、政府购买公共服务主体以及政府购买公共服务主体行为的基础上，以政府购买公共服务主体构成和主体行为的相关理论为指导，运用多种研究方法，围绕政府购买公共服务主体行为的边界划分、协同机制以及激励约束机制等方面进行论证，并进一步对主体行为的现状、评价、问题、原因和规范问题进行探讨。

1.3.1 研究内容

鉴于既有文献对政府购买公共服务问题研究的局限性，以及我国完善政府购买公共服务制度和提升公共服务供给效率的现实需求，在现有研究的基础之上，本书立足于中国政府购买公共服务的主体行为实践，分析主体行为存在的问题，从而为规范主体行为提供可资参考的政策建议。本书试图解决以下几个重要问题：一是政府购买公共服务的主体由什么构成，含义是什么？二是主体行为包含哪些方面的内容？这些方面的内容是如何运行和发挥作用的？三是主体行为的成效及存在的问题有哪些？四是如何对主体行为进行规范？遵循上述逻辑脉络，本书主要论述的相关内容包括：

第 1 章，绪论。本章在阐述选题背景和研究意义基础上，对国内外有关政府购买公共服务主体的界定、主体行为的实践考察与国际经验借鉴以及规范主体行为的文献进行了梳理；特别对国外文献中关于多主体参与购买服务的必要性和各参与主体的行为等方面的研究进行了综述。随后在评析现有研究成果的基础上，论证本书研究的主要研究内容和研究方法，并指出可能的创新点和不足之处。

第2章，政府购买公共服务主体行为的理论分析。本章首先对政府购买公共服务的概念进行阐述，界定政府购买公共服务主体体系的构成和内涵。其次，基于公共产品理论、新公共服务理论和多中心治理理论，探讨购买主体、使用主体、承接主体和评审主体四元主体参与政府购买公共服务的理论依据。最后，运用委托代理理论、协同理论和平衡计分卡理论，分析主体行为的激励约束机制和协同机制，探索构建评价指标体系对主体行为评价的方法。

第3章，政府购买公共服务主体行为的边界划分与协同机制。本章在明确政府购买公共服务主体结构的基础上，分析划分主体行为边界的基本机理，明确四元主体的行为边界和职责范围；同时，研究主体行为的协同机制，厘清协同机制的内涵、构成要素和运行机制。

第4章，政府购买公共服务主体行为的激励约束机制。主体行为的激励约束机制主要包括主体体系的激励约束机制和主体间激励约束机制两个部分内容。本章首先分析了对主体体系进行激励约束的必要性，阐明主体体系激励约束机制主要的激励方式与约束条件。其次，在链式二重委托—代理关系的框架下，明晰使用主体对购买主体的激励约束机制作用原理，并运用2007 ~ 2015年中国省级面板数据，从实证角度验证了使用主体对购买主体的激励约束水平和激励约束机制的实际效果。最后以传统双边委托—代理关系机理为理论基础，构建购买主体对承接主体和评审主体的最优激励约束水平模型，并通过具体的购买服务项目验证了这一模型的有效性。

第5章，政府购买公共服务主体行为的现实考察。本章首先对四元主体参与政府购买公共服务的行为动因进行了分析，阐述了影响主体行为表现的内在作用机理。其次，通过对国内外政府购买公共服务实践的现实考察，梳理出政府购买公共服务的推进进程和发展脉络，探讨四元主体行为取得的实践成效。

第6章，政府购买公共服务主体行为的评价。借鉴企业绩效管理中的平衡计分卡理论，本章首先在模型设计、指标拟定和权重赋值的基础上构建了对政府购买公共服务主体行为的评价体系。其次，通过对主体行为评价结果的分类和整理，分析主体体系、主体行为以及主体行为的协同机制存在的主要问题。最后从主体间的信息不对称、主体行为的激励不到位和主体行为的约束不匹配三个方面阐述了主体行为存在问题的原因。

第7章，规范政府购买公共服务主体行为的政策建议。本章首先在提升购买主体购买服务能力、加大使用主体参与购买力度、提高承接主体承接生产效能和完善评审主体监督评审制度四个方面提出了规范主体行为的建议。其次在此基础上，建议从树立公众服务导向的协同理念、引入市场竞争机制的协同方式、培育社会力量参与的协同组织和构建四元主体互动的协同体系四个方面架构多元主体协同推进的治理机制。

全书的逻辑结构和技术路线，如图 1－2 所示。

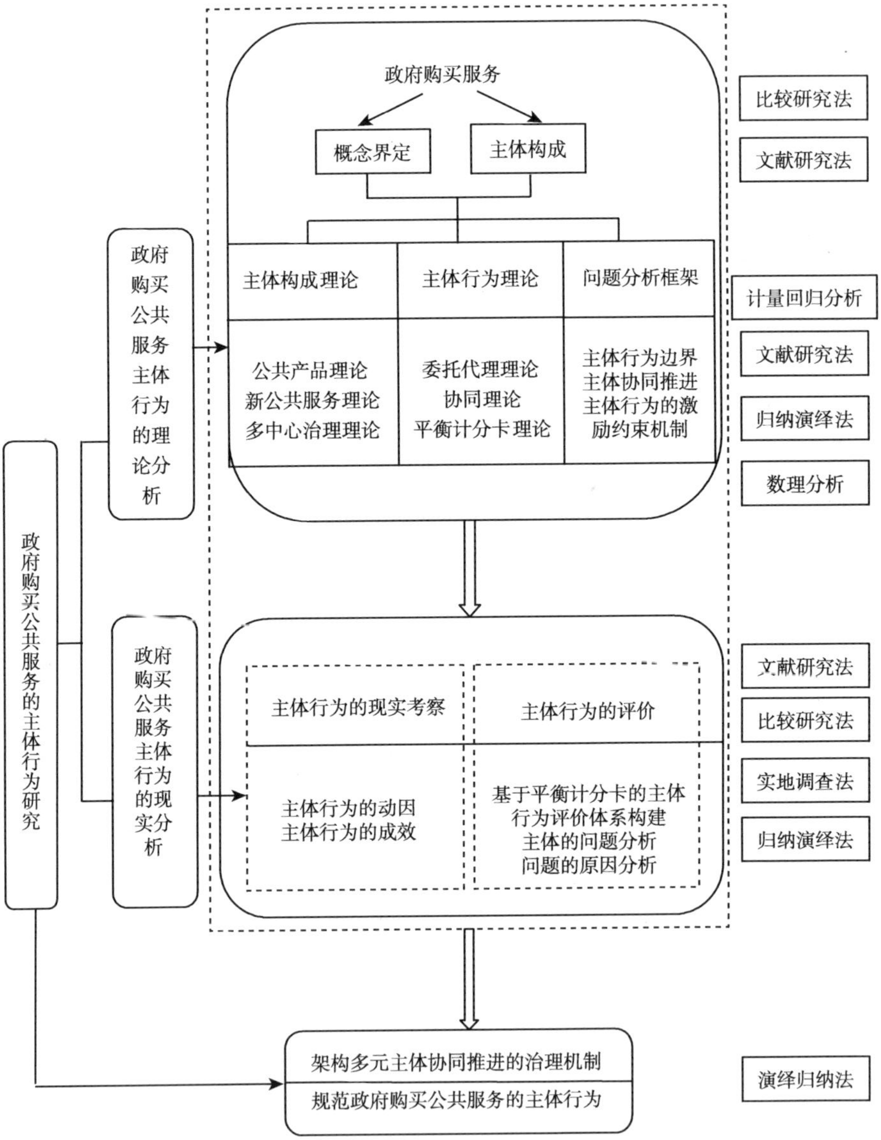

图 1－2　政府购买公共服务的主体行为研究技术路线

1.3.2 研究方法

（1）文献研究法。通过文献阅读整理来获得资料，从而全面地了解政府购买公共服务的背景和发展历程。通过文献研究，系统了解政府购买公共服务主体行为研究的现状，从而确定本书进一步研究的思路和创新点。

（2）归纳演绎法。对于一些分散的文献所能反映的政府购买公共服务的主体行为表现，本书用到了归纳法，如用于对政府购买公共服务主体行为的实践探索，概括出主体行为的现状；对国际上其他国家政府购买公共服务主体行为的经验总结，提炼出可供我国借鉴的部分。对于有一些无法从现有文献梳理中启发的内容用到了演绎法进行推理，如推断国内外政府购买公共服务发端于不同起因与背景。

（3）比较研究法。通过对地方政府购买公共服务主体行为的实践比较，研究各主体行为的表现与特征；通过对国际上其他国家政府购买公共服务主体行为的实践比较，阐述发达国家的先进经验，揭示对我国的启示意义。

（4）实地调查法。以问卷调查、个案研究等方式，对政府购买公共服务主体行为进行全面调研，并对调研资料和数据进行归纳和综合，为相关问题的研究提供充分的论证。

（5）计量经济回归分析法。在分析政府购买公共服务主体行为的激励约束机制时，本书在链式二重委托代理关系的分析框架下，首先运用博弈论的原理分析了主体间的博弈过程，构建了购买主体的收益分享模型，分析影响使用主体对购买主体激励约束效应的因素。在此基础上，本书通过设定计量经济回归分析模型，利用可获得的数据和测算指标，检验中国社会经济发展实践中使用主体对购买主体的激励约束水平与激励约束机制效应的相关性。

（6）数理模型分析法。在分析政府购买公共服务主体行为的激励约束机制时，本书在传统双边委托代理关系的分析框架下，首先运用博弈论的原理分析了主体间的博弈过程，构建了购买主体对承接主体和评审主体的最优激励约束水平模型，分析最优激励约束水平的影响因素和作用机制。在此基础上，本书通过具体事例验证了模型的有效性和最优激励约束水平的存在。

1.4 创新点与不足之处

1.4.1 创新点

第一，研究视角的创新。相比于既有的研究文献，本书基于四元主体视角审视政府购买公共服务主体行为，分析主体行为的边界划分与协同机制，研究主体行为的激励约束机制，借鉴国际经验，拓展了研究思路，增强了研究的完整性。

第二，研究内容的创新。综合运用公共产品理论、新公共服务理论和多中心治理理论，明确界定政府购买公共服务主体的内涵、构成与行为边界，从而为研究提供逻辑起点和必要前提。在研究主体间逻辑关系、协同机制、激励约束机制方面，将委托代理理论、协同理论和平衡计分卡理论作为基本支撑，提升了研究的系统性和规范性。

第三，研究方法的创新。首先，本书通过构建链式二重委托—代理关系下购买主体的收益分享模型，采用全国31个省、自治区、直辖市的面板数据，分析出使用主体对购买主体的激励约束水平及其机制效应的相关性。其次，基于委托代理理论，本书构建三阶段不完全信息下的博弈模型，得出购买主体对承接主体、评审主体的最优激励约束水平公式，并通过实际案例证实公式的可行性与有效性。最后借鉴企业绩效管理中的平衡计分卡理论，构建政府购买公共服务主体行为的评价体系，对政府购买公共服务政策的实施效果进行评价，为分析主体行为的不足之处提供现实可靠的依据。

1.4.2 不足之处

本书的不足之处在于：

第一，鉴于我国各地地方政府购买公共服务实施的时间、内容、模式的不同，本书在考察各个主体行为方面存在不全面的问题，研究结论可能带有一定的局限性。

第二，公共服务的类型多样，供给情况也各不相同。在推行不同地区、不同类型公共服务的政府购买进程中，其管理办法、运行机制上也会有所差异。由于具体类型的公共服务购买数据较少，这一点在本研究中反映得不够深入，还缺少有针对性的分类分析。

第三，偏重于定性分析，定量分析相对较少。由于我国政府购买公共服务实践多由基层政府主导，主体行为样本分散且具有较大的异质性，宏观层面大样本的定量分析难以进行，研究方法以定性分析为主。

第2章 政府购买公共服务主体行为的理论分析

政府购买公共服务主体行为的规范是推进政府购买公共服务改革的核心环节，也是连接公共服务供给方式创新与政府职能转变的重要纽带。本书对政府购买公共服务主体行为的相关概念进行明晰与界定，并尝试解析主体行为的内涵与外延，构建较为全面的主体行为理论体系。

2.1 政府购买公共服务主体行为的概念框架

政府购买公共服务主体行为的研究建立在相关概念的界定和主题内涵的明确基础上，因此研究需要明确政府购买公共服务的概念，包括购买目的、购买范围、运行机制等相关内容。在此基础上，为了进一步深化对政府购买公共服务的研究，本书对政府购买公共服务的主体进行了界定，包括主体体系的构成及各个主体的内涵。政府购买公共服务主体的权责主要落实到行为上，主体行为范围和内容的明确是主体行为研究的前提条件。

2.1.1 政府购买公共服务的概念

政府购买公共服务，即政府为了满足社会公众对公共服务的需要，将生产并直接提供的公共服务特定事项，按照市场机制的运行要求，委托具备一定资质和条件的社会力量（社会组织、企业和个人等）生产或是承担，并依据对服务数量和质量的评审结果向其支付费用[①]。这一表述从国家层面对政

① 中华人民共和国国务院办公厅．国务院办公厅关于政府向社会力量购买服务的指导意见［EB/OL］. http：//www.gov.cn/xxgk/pub/govpublic/mrlm/201309/t20130930_66438.html，2013－09－16.

府购买公共服务的概念加以界定，具体包含以下要点：

第一，购买目的。政府购买公共服务的目的是为了满足社会公众日益增长的公共服务需要。社会主义市场经济的发展使得社会结构渐趋复杂，社会成员对于公共服务的需要愈发多样化。为此，政府以改革的办法解决发展中的问题，发挥市场机制作用，引入社会力量参与，从而提升公共服务供给的质量和效率。

第二，购买范围。政府购买公共服务的范围是原来由政府生产并提供的部分基本公共服务特定事项。这些特定事项强调公益性和公共性，主要是指可以采用市场化的方式提供、适合社会力量承担的公共服务。目前我国纳入到政府购买公共服务范围的服务项目按照受益对象分为三类：一是为了维持政府部门运转需要向社会力量购买的服务，如系统维护、公车租赁、物业管理、公文印刷等；二是为了政府部门履行职能需要向社会力量购买的服务，如法律咨询、发展规划、法规政策、标准制定等；三是为了提高社会公众福利水平、面向特定的受益对象提供的公共服务，主要是指专业技术服务、环境服务、公共设施管理服务等以物为对象的公共服务，医疗卫生、教育和社会服务等以人为对象的公共服务。

第三，运行机制。政府购买公共服务的运行机制是政府机制、市场机制和志愿机制的有机对接和复合建构。公共服务的供给通常具有三种基本形态：以行政指令为特征的政府机制、以公平交易为基础的市场机制和以社会志愿为依托的志愿机制。三种机制的适用对象、效用条件、运行特点各不相同。政府购买公共服务的运行机制汲取了三种机制供给公共服务的优势，如政府机制的正当性、公共性、法定性、稳定性和权威性，市场机制的公平性、竞争性、开放性以及志愿机制的志愿性、主动性和公益性。同时，这一机制还摈弃了三种机制供给公共服务的不足，如政府机制的垄断性、强制性、寻租可能性，市场机制的自发性、投机性和随机性以及志愿机制的资源匮乏性、服务非专业性和规则缺乏性。这一机制因其具有低成本高收益的制度绩效和潜在优势，蕴涵更加广阔而深厚的改革内涵和功能意义。

2.1.2 政府购买公共服务的主体界定

从原来的政府直接生产和提供公共服务到在社会主义市场经济和社会治理框架下政府购买公共服务，政府购买公共服务在主体结构上发生了巨大的变化。公共服务的生产和提供过程由“二元主体”转变为“多元主体”，并由此形成了政府购买公共服务体系的重要组成部分。政府购买公共服务体系由完善的法律制度、科学的运行机制和成熟的参与主体等要素构成。参与主体是政府购买公共服务体系中权利与义务的承担者，主要包括购买主体、使用主体、承接主体和评审主体（见图 2－1）。

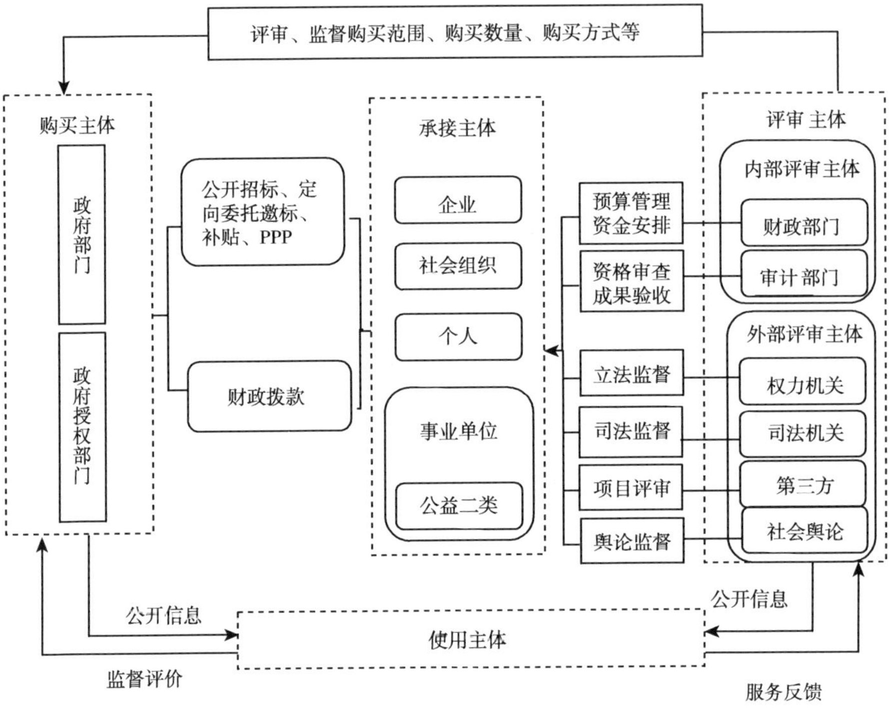

图 2－1 政府购买公共服务主体的体系

参与主体的行为表现直接决定了法律制度的制定、贯彻执行情况和运行机制的构建及运营情况，是政府购买公共服务体系的核心内容。实践证明公共服务供给的多元主体结构体系，不仅为政府扩大公共服务供给规模和提高公共服务供给效率创造了结构性空间，而且为社会力量的健康蓬勃发展和政社关系的和谐提供了新的改革途径。

（1）公共服务的购买主体。

公共服务的购买主体是政府购买公共服务的理性购买者，即经费由财政承担的各级行政机关、受政府委托而承担行政职能的事业单位和纳入机构编制管理且经费由财政负担的群团组织。

公共服务的购买主体首要解决的问题是谁来买和买什么，其核心是通过财政资金分配模式的创新来提高资金使用效率，而财政资金使用效率的高低直接关乎财政对经济社会发展保障作用的发挥程度。政府购买公共服务既是公共服务生产方式的创新，也是财政资金使用方式的创新，因此凡是接受财政拨款的单位或组织都可以通过在市场上购买公共服务履行职责，向社会提供优质、足额的公共服务。

（2）公共服务的使用主体。

公共服务的使用主体是指政府购买公共服务的受益人和消费者，即特定行政区域范围内享受政府提供公共服务的全体社会公众。在我国，政府是采用自己生产并提供公共服务的方式，还是选择向社会力量购买来提供公共服务的方式，都不会对使用主体的范围产生影响。因此政府购买公共服务的使用主体与政府提供公共服务的对象是一致的，都是全体社会公众。

在原有的公共服务供给模式下，社会公众被动接受政府提供的公共服务，而在实施政府购买公共服务之后，社会公众作为政府购买公共服务主体之一，可以积极履行对公共服务范围的建议选择权利、对政府供给的公共服务进行监督的权利和对公共服务的最终评价权利。

（3）公共服务的承接主体。

公共服务的承接主体是指政府购买公共服务中接受购买主体委托生产公共服务的一切社会力量，即具备一定资质、能够生产出满足社会公众需要的公共服务的事业单位、企业、社会组织和个人。承接主体的分类、主要提供的公共服务内容及各自特点如表 2－1 所示。承接主体应具有承接公共服务的能力，具体包括掌握提供服务的人力资源、专业技术和必要物质设施等资源；具备完善的内部治理结构、资产和财务管理制度以及良好的商业信誉与社会信用。

表 2－1　　　　承接主体分类、特点及承接服务内容

分　类	特　点	承接服务内容
民营企业	由私人投资及管理、同业经营经验丰富	家政服务、学前教育、医疗卫生、物流等服务
国有企业	由国家投资及运营、政策性强、规模大	通信服务、邮政服务
社会组织	由社会资本投资及运作、公益性强，规模较小，参与范围有限	环境保护、扶贫开发、文化体育、公共卫生、社会保障及残疾人服务等
公益二类事业单位	公益性较强、财政差额拨款	高校、职业教育、综合医院

资料来源：根据柳学信、董晓丽、孔晓旭（2017）文献梳理得出。

按照财政部和中央编办2016年12月29日联合印发《关于做好事业单位政府购买服务改革工作的意见》的规定，承担义务教育、基础性科研、公共文化、公共卫生及基层的基本医疗服务等基本公益服务，不能或不宜由市场配置资源的公益一类事业单位，既不属于政府购买服务的购买主体，也不属于承接主体，不得参与承接政府购买服务。因此，承接公共服务生产的事业单位主要是指公益二类事业单位。企业是指及依法在工商管理或行业主管部门登记成立的以营利为目的组织机构。社会组织是指在民政部门登记注册的社会团体、基金会、民办非企业单位，主要提供养老、助残、扶贫济困、司法矫正、灾害救援、慈善公益、精神抚慰方面的服务项目。

目前各界对于事业单位、企业和社会组织参与到政府提供公共服务中来没有争议，争论的焦点集中在是否把个人作为政府购买公共服务的承接主体。事实上，个人符合政府对承接主体的资质要求，只要可以在承接主体竞争中取得优势，也能参与到公共服务生产中来。因此，界定承接主体不应人为设置障碍，而应当在理论上把尽可能多的社会力量纳入到承接主体潜在的范畴中来。

(4) 公共服务的评审主体。

公共服务的评审主体主要是指内部评审和外部评审共同构成的评审机制，即由具有权威性和专业性的政府部门、中介组织或相关机构构成的内外部评审主体。评审主体的分类、构成和特点如表2-2所示。

表2-2　　评审主体的分类、构成及特点

分类	构成	特点
财政部门	财政部、财政厅（局）、各行政公署财政处	公共性、法制性、非营利性
审计部门	审计署、审计厅（局）	及时性、连续性、针对性、预防性
权力机关	各级人民代表大会及其常委会	法制性、权威性
司法机关	各级人民检察院和人民法院	法制性、权威性
第三方机构	会计事务所、法律事务所、审计事务所及同行专家评审机构	独立性、专业性较强
新闻媒体	报纸、杂志、广播、电视台及互联网	及时性、广泛性、影响力大
社会公众	公共服务的使用主体	普遍性和广泛性

政府购买公共服务内部评审机制是指政府购买公共服务职能部门对购买

活动各要素、环节进行日常性内部评审的工作机制。内部评审主体包含所有与政府购买活动有关的政府部门，如政府购买公共服务管理、财政、审计、督察等部门以及与公共服务品质有关的部门如工商、质量评审等部门等。依据评审主体在内部评审机制中的角色不同，可以分为财政评审、审计评审、质检评审、督查评审等。

外部评审机制是指内部评审部门之外的监督力量能及时主动地对政府购买活动开展的各项评审工作。它是政府购买公共服务内部评审机制的有益补充。外部评审主体主要指的是内部评审部门之外的监督力量，包括权力机关、司法机关、第三方机构、新闻媒体和社会公众等。根据评审主体在外部评审机制中的角色不同，可分为人大评审、司法评审、第三方评审、社会评审等。

综上所述，政府购买公共服务体系是以市场发挥基础性作用，政府出资、监管机构监督，事业单位、国有和民营企业、NGO 等社会组织和个人参与的一种为社会公众提供多元化公共服务的机制。

2.1.3　政府购买公共服务主体行为的含义

政府购买公共服务主体行为是指公共服务供给的多元主体参与政府购买公共服务的一系列活动。政府购买公共服务过程进行分解后，可以得到政府购买公共服务的四个环节，即决策、购买、生产、评审。由此，根据政府购买公共服务的四个环节，政府购买公共服务主体行为的范围也相应地界定为：决策、购买、生产、评审。

按照政府购买公共服务主体采取行动时是否涉及其他主体的关系，可以将政府购买公共服务的主体行为分为两类：一类是政府购买公共服务的四元主体各自参与购买服务过程中的独立活动，主要表现为四元主体在各自行为边界内的履责行为；另一类是政府购买公共服务的四元主体参与购买服务过程中的相互联系与相互协同活动，主要表现为政府购买公共服务主体间的协同机制和激励约束机制。

政府购买公共服务主体行为的规范是指使得政府购买公共服务主体参与政府购买公共服务的一系列活动符合既定政策目标的过程。针对因政府行为、市场行为和志愿组织行为造成的政府失效、市场失灵和志愿组织失灵，政府购买公共服务主体在公共服务供给决策、购买、生产和评审四个环节的行为规范，从而消除各参与主体利益背离公共利益的驱动力，形成科学的决策、购买、生产和评审机制。

2.2 政府购买公共服务主体构成的理论基础

政府购买公共服务主体行为研究的前提是主体的界定与分类，这一界定和分类应以相关理论为支撑。政府购买公共服务的主体特征及其行为特点决定了主体的内涵及构成以公共产品理论、新公共服务理论和多中心治理理论为研究基础。

2.2.1 公共产品理论与购买主体

公共产品理论最早由英国著名学者霍布斯提出，他认为国家的本质是“很多人之间形成契约，且个体对其行为赋予职权，促使其按照对广大居民的和平及共同安全有益的方式，运用整体共同的力量和方法的一个人格①”，这一论断成为后来公共产品理论的重要思想渊源。

大卫·休谟在《人性论》中讨论了如何处理超越个人利益的公共性的问题。休谟认为，“在某些只能通过集体完成的事情中，因人自利的天性，只有靠国家和官员来使每个人不得不遵守法则”②。这一论述不仅表明在公共利益的追求中个人的局限性和政府的优越性，而且实际上指出了市场提供公共产品的无效性以及政府参与公共产品供给的必要性。亚当·斯密从国家职能的立场出发，对公共产品问题进行了研究，主张“政府运用税收等手段筹集公共资金，并利用公共资金来提供这些公共产品”③。

公共服务的概念广泛适用于我国各个领域。基于不同的关注内容和专业知识，学界对公共服务的概念主要从以下几个方面进行理解和阐述：第一，从提供服务的主体来看。私人服务主要由私人部门运用私人资源提供，公共服务应当是由政府为代表的公共部门配置资源提供。第二，从服务的特点来

---

① 德施米特著．应星，朱雁冰译．霍布斯国家学说中的利维坦［M］．上海：华东师范大学出版社，2008.

② 潘华志．休谟与《人性论》［M］．北京：人民出版社，2010.

③ 亚当·斯密著．孙善春，李春长译．国富论［M］．北京：中国华侨出版社，2010.

看。公共服务是以满足社会公众的需要为目的的非营利性的公益服务，具有大众性、基础性和公益性的特点。第三，从法律和所有权角度来看。公共服务是在法律授权下由政府或其他公共部门提供的，公民生存和发展所必需的、关系基本人权的社会服务。

准确把握公共服务的概念是做好政府购买公共服务的前提条件。对于公共服务的概念，基于研究的需要本书做如下界定：第一，公共服务是政府等公共部门为满足社会公众生存和发展的需要、满足公共利益的需要，使用公共权力从而配置社会资源所提供的各项服务。第二，公共服务主要包括文化、教育、科技、卫生等无形的服务。第三，与私人服务的不同之处在于提供的主体和方式不同。同是教育服务，若由政府通过运用公共权力配置资源提供，则属于公共服务的范畴；若是由私人为了盈利通过运用自身所拥有的资源提供，则属于私人服务范畴。

公共服务的生产和提供是一个系统的过程，主要包含三类角色：组织者、生产者和使用者。（1）公共服务的组织者。其主要职责是把公共服务按照一定的规则分配给使用者，并确保提高公共服务的使用效果。公共服务具有非排他性和非竞争性，属于公共产品或是准公共产品的范畴。作为公共产品的公共服务由市场提供是高成本而又低效率的。因此公共服务的组织者应该由政府担任。（2）公共服务的生产者。由政府或社会力量担任，主要职责是进行公共服务项目的策划、实施与运营。（3）公共服务的使用者。他们是直接使用公共服务的群体，可以限制在某一特定区域或是某一特定组织内。

政府购买公共服务是公共服务供给方式的一种创新，政府由直接生产并提供公共服务转化为政府购买并提供公共服务。可见，在这一模式下，政府仍然是公共服务的提供者，只是通过引入社会力量和市场机制将一部分生产和监督职能让渡出去。政府在购买公共服务过程中主要充当公共服务的购买者和提供者，因此称为购买主体。作为购买主体，政府通过划定购买范围、明确购买内容、选择购买方式、评定购买绩效等行为保障公共服务的有效提供。

2.2.2　新公共服务理论与使用主体

新公共服务理论是政府在治理系统中以公众为中心进行行政管理的新理论。该理论由美国学者罗伯特·B. 登哈特创立，起源于对新公共管理理论的反思。这一理论吸收并拓展了相关的民主治理理论，包括社会的公民权理论、社区和市民社会理论、组织人本主义和后现代主义的话语理论，从公民权利、信任构建和公共对话三个维度创立起较为完整的理论体系和概念框架。新公共服务理论认为，政府的职责在于服务和放权公民，其主要思想包含三个方面：第一，政府的职能通过提供服务实现。以公共服务提供为导向的政府，其最重要的职责是帮助社会公众了解自身共同需求并给予充分满足。第二，行动上的民主性。政府应当通过激发社会公众的自豪感与责任感，增强其参与合作的意愿，共同制定科学的公共政策使公共服务的供给更加高效。第三，以人为本的理念。新公共服务理论十分强调人在管理中的作用，要求政府把社会公众作为服务的中心。政府是人民的政府，其根本使命是为人民服务。社会公众不应只做公共服务的“听众”，而应该通过与政府的互动参与共同治理。

新公共服务理论强调重视发挥社会公众在公共服务供给中的作用，在政府购买公共服务过程中，社会公众作为使用主体参与购买并发挥重要作用。第一，使用主体的需求是政府购买公共服务的逻辑起点。使用主体在充分了解自身需求的基础上，充分表达自身需求，为政府购买公共服务决策提供依据。第二，使用主体全程主动参与政府购买公共服务，无论是传统的政府生产并提供公共服务模式，还是政府购买并提供公共服务模式，都不能仅仅把社会公众看作是公共服务的被动接受者。社会公众有权利选择和参与公共服务的决策、购买、生产和评审各个环节。第三，使用主体的参与是践行以人为本服务理念的方式。新公共服务理论以社会公众为主导的思想，也就是要求由社会公众来参与政府购买公共服务，培养社会公众的责任感和风险意识。社会公众参与公共服务供给体系、共同制定购买决策，依此提高公共服务供给效率。新公共服务理论以人为本的理念，点明了公共服务供给中政府对社会公众负责的本质所在。

2.2.3 多中心治理理论与承接主体、评审主体

在亚里士多德的《政治学》一书中“治理”一词已被广泛提及。20 世纪 70 年代开始的经济全球化浪潮赋予了“治理”全新的内涵和特征。世界银行 1989 年的一份报告中最早使用“危机治理”一词，用以描述那时非洲紧张的局势。随后 1992 年世界银行年度报告更是以“治理与发展”为题。从此，治理这一概念被广泛接受和应用起来。自 20 世纪 90 年代以来，W. 勃兰特（1992）、J. Kooiman（1993）、R. A. W. Rhodes（1997）、毛寿龙（1998）、俞可平（2002）等国内外学者对治理做出了不同的界定。综合来看，治理是在政府失败和市场失灵的情况下，为了实现公共利益，多元主体

在权力和权利的结构以及运行机制的重构基础上进行的管理和服务活动。

由美国印第安纳大学文森特·奥斯特洛姆夫妇创立的多中心学派，通过对大型城市提供和生产公共服务问题进行研究提出了多中心治理理论。该理论运用治理理论的相关知识，分析出由多个权力中心或是服务中心互相竞争共同参与公共事务治理，可以提高治理水平，更好地为社会公众提供公共服务。

政府提供公共服务虽然在一定程度上可以弥补市场的不足，然而由于存在着政府失灵，使其无法同时扮演好公共服务的提供者、生产者和监督者多重角色，最终导致公共服务供给数量不足、成本上升等低效率问题产生。根据多中心治理理论，政府可以将生产者和监督者的职能让渡出去，引入社会力量参与到公共服务的供给中来。政府购买公共服务机制遵循和贯彻了公共服务生产和提供分离的原则。如同文森特·奥斯特洛姆指出的那样，公共服务的提供者不一定是公共服务的生产者，公共服务最终由政府部门生产还是由私人部门生产取决于成本的核算。正是基于这样的逻辑，政府购买公共服务分解政府的多重混合职能和角色，进而塑造出公共服务供给的新的主体。一方面，社会力量的快速发展为承接公共服务的生产创造条件，政府也就把部分公共服务生产者的职能让渡给社会力量充当的承接主体。另一方面，专业评审机构的专业性、独立性、客观性的特点，为确保评审结果的确实可信奠定了基础。政府将监督者的职能部分交给评审主体后，避免了原有模式下可能会出现的评审舞弊行为，对公共服务供给效率提高具有重要意义。

2.3　政府购买公共服务主体行为的理论基础

政府购买公共服务主体间存在多重委托—代理关系、组织间关系和协同关系，并且主体行为成效需要借助相关的方法来评估。由此，主体行为的激励约束、协同推进以及绩效评价等问题应以委托代理理论、协同理论、组织间关系管理理论、平衡计分卡理论和激励相容理论为支撑进行研究。

2.3.1　委托代理理论

（1）委托代理理论的核心观点。

委托代理理论是制度经济学契约理论的主要内容之一，其核心思想是研究在主体利益相冲突和信息不对称的环境下，委托人如何设计最优契约激励代理人。Mirrlees（1976）将委托—代理关系定义为，“某一经济主体委托其他经济主体根据委托人的利益和要求从事某些活动，在执行委托过程中，委托人赋予代理人相关活动的决策权①”。委托—代理关系不同于一般经济体之间的价格关系，是一种更为复杂的契约关系，可以用经济学中的函数模型进行度量和论证。

经过几十年的发展，委托代理理论已经从传统的双边委托—代理理论，发展出多代理人理论、共同代理理论和多任务代理理论。委托代理理论的早期研究主要聚焦于单一委托人、单一代理人、单一事务的双边委托—代理关系。后期发展的多代理人理论从单一代理人转变为多个代理人的研究，共同代理理论将单一委托人发展为多委托人的研究，多任务代理理论则将单一事务转向多项事务的研究。这一发展有利于解释实践中存在的多重委托—代理关系，阐释主体间行为的影响机制。

（2）政府购买公共服务主体间的链式二重委托—代理关系。

就整体而言，政府购买公共服务主体间存在链式二重委托—代理关系，体现在购买主体委托人与代理人的双重身份上，同时政府购买公共服务主体间存在传统双边委托—代理关系，如图 2－2 所示。

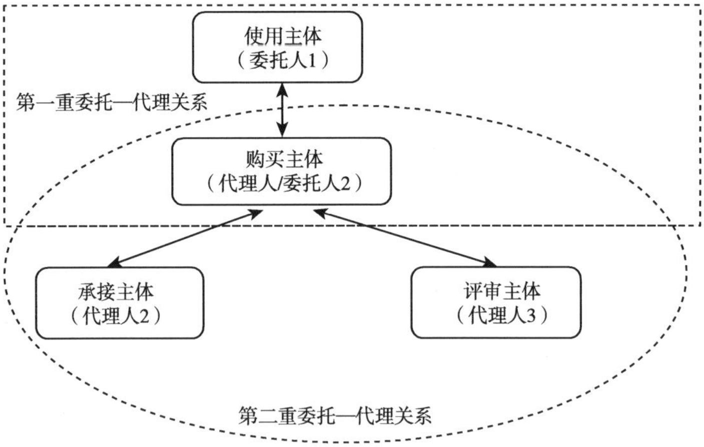

图 2－2 政府购买公共服务主体间的链式二重委托—代理关系

① James A. Mirrlees. The Optimal Structure of Incentives and Authority within an Organization. The Bell Journal of Economics, 1976: Vol. 7, No1, 105－131.

政府购买公共服务中的购买主体、使用主体、承接主体和评审主体之间是二重委托—代理链条，其中购买主体既是上一层面委托—代理关系中的代理人，又是下一层面委托—代理关系中的委托人。购买主体作为政府购买公共服务的发起者，在购买服务的过程中发挥着重要的作用。购买主体行为在四元主体行为中也有其独特之处。购买主体行为既有其积极主动一面，又有消极懈怠的一面。这一行为特征的根本原因在于购买主体在四元主体中兼有委托方与代理方的身份。

第一，购买主体基于委托方身份积极有效的行为特点。购买主体在与承接主体、评审主体的委托—代理关系中充当委托方。政府购买公共服务意味着政府作为购买主体将部分公共服务的生产委托给承接主体，并将部分公共服务的评审委托给评审主体。购买主体推进购买服务进程、出台相关政策文件、划定购买范围、确定购买方式的行为，都是作为委托方委托生产公共服务的有益探索。这些行为实践体现了购买主体对于在政府购买公共服务中自身职责的认识，也反映了其作为主导者的工作思路。购买主体基于委托方身份的行为相对积极、有效，取得了长足的进步。

第二，购买主体基于代理人身份被动消极的行为特点。购买主体在与使用主体的委托—代理关系中处于接受委托的一方。各级政府与职能部门作为购买主体应当从社会公众生活的基本需求出发，立足于解决群众生活中的具体现实问题，逐步拓展向社会力量购买服务的内容，科学选择购买方式购买主体依据其所掌握的使用主体对公共服务的需求，将原来自己生产并提供的公共服务转由社会生产后购买提供。

2.3.2　协同理论

20 世纪 70 年代，德国物理学家赫尔曼·哈肯首先提出协同理论（synergeties），认为协同就是“相互协调、联合作用”①。随着协同理论的发展，协同被定义为“围绕集体目标系统内部的子系统之间或是各个组成部分之间相互协调而产生新的功能及有序结构”②。协同理论是关于协同机制的作用机理的理论，研究子系统或各个组成部分的协同运行使系统从无序到有序的过程

① 赫尔曼·哈肯著．协同学——大自然构成的奥秘．凌复华译［M］．上海：上海译文出版社，2005.

② 颜泽贤，范冬萍，张华夏著．系统科学导论［M］．北京：人民出版社，2006.

以及形成有序结构的内在驱动力。

协同理论中系统从无序到有序的运行机理与目前我国政府购买公共服务主体行为的协同机制具有高度的吻合性。目前我国公共服务的供给存在供给成本高、供给不足很多等问题。政府购买公共服务这一多元主体供给公共服务模式，可以将政府一元主体供给公共服务的封闭系统转化为吸取外界能量和资源的开放系统。政府购买公共服务的主体行为协同机制是一个主体间相互互动、协同供给的有机整体。因此，基于协同理论，可以探讨如何使多主体之间配合和协作供给公共服务。

在政府购买公共服务的过程中，由于各参与主体行为动因和行为方式各不相同，为了实现四元主体协同供给公共服务，政府通过建立并完善有效协同机制，如权责对等机制、利益协调机制、平等合作机制和有序竞争机制等。这些机制可以确保各主体参与合作竞争的权责对等、利益协调、信息资源共享、互相信任为四元主体协同供给公共服务提供条件。按照协同理论思想，这些有效机制也是四元主体协同推进政府购买公共服务的必要条件，各主体构成密切联系、相互统一的系统。这些机制通过主体间互动和整合充分发挥四元主体作用并使四元主体有效协同运行，减少主体间利益冲突及降低主体供给成本。

2.3.3 组织间关系管理理论

20 世纪 70 年代以来，组织间关系管理理论迅速发展。其代表人物 C. Olive 认为，“任何一个组织的经营活动都离不开与周围环境的联系，它的生存与绩效通常都依赖于和其他组织的关系[①]”。因此，现代企业越来越重视与其他组织的关系及其管理，认识、分析、优化企业与其他组织之间的关系，是企业获得所需的知识、资源，持续竞争优势的先决条件和关键[②]。学界运用经济学、社会学、战略学、博弈论和组织行为学等来理解和研究嵌入企业之中的组织间关系。系统研究嵌入企业之中的组织间关系的内涵、特征及其进化等基本问题，既是组织间关系研究的基础，也是有效管理组织间关系的

---

① C. Oliver. Determinants Interorganizational Relationships: Integration and Future Directions. Academy of Management Review, 1990, 15 (2): 241 - 265.

② R. M. Morgan, S. Hunt. RelationshipBased Competitive Advantage: The Role of Relationship Marketing in Marketing Strategy. Journal of Business Research, 1999 (46): 281 - 290.

前提。组织间关系管理是指基于组织间制度安排，各种形式的组织或个体通过经济契约的约束和社会关系的嵌入而进行的参与主体间的关系安排①。组织间关系管理机制的理论基础源于交易费用理论，在不断向纵深发展和演进的过程中，组织间关系管理逐渐演变成为一种平衡和协同组织间关系网络的资源配置机制，可以有效地调节合作组织内部与外部各层面之间的资本、知识以及信息等异质性资源的共享和流动。组织间资源的共享和流动依赖于多层面、多维度的组织间关系管理维度结构的传递和延伸。组织间关系管理理论在组织间关系的界定、形成动因、作用机制方面已取得了一些研究成果。

政府购买公共服务的主体间关系是指在政府购买公共服务过程中，政府购买公共服务主体间以及与外部组织间的一系列持续性的内部和外部联系的集合。按照组织间关系理论，组织间关系主要由管理者、社会关系以及资源管理的社会网络组成，政府购买公共服务的主体间关系事实上已经具备了组织间关系的各构成要素的特征。

(1) 政府购买公共服务的主体构成了组织间关系的要素之一——管理者。政府购买公共服务实质上是公共服务供给方式的一场变革。公共服务的供给涉及多个利益主体，即政府、社会公众、企业、社会组织和事业单位等。这些利益主体在政府购买公共服务的活动中形成了复杂的联系，从而构成了主体间的社会关系。在政府购买公共服务过程中，管理者必须均衡各方利益，关注各个主体间的相互制约和影响关系。

(2) 政府购买公共服务主体间互动构成了组织间关系的要素之二——社会关系。主体间的社会关系按类型可分为四种：第一，物质资本的传递，如财政资源的分配；第二，非物质资源的转换，如使用主体对承接主体行为的评价；第三，行为上的互动，如政府购买公共服务主体间相互的合作、配合与沟通等；第四，正式关系，如购买主体与承接主体签订的购买服务合同等。根据主体间互动的程度，可以将这些社会关系分为强关系和弱关系。政府购买公共服务主体间如果形成了强关系，就能够增强主体的参与能力和运作能力，提高主体的适应性，使主体行为规避环境的不确定因素和资源匮乏等带来的负面效果。

(3) 政府购买公共服务主体及其主体间的社会关系构成了组织间关系的

---

① P. D. Consins. A Model for Managing Long - term Inter - organizational Relationship. European Journal of Purchasing & Supply Management, 2002 (8): 71.

要素之三——资源管理的社会网络。政府购买公共服务主体间形成一种社会网络，各个主体在网络中的节点、重点及相互联系存在着不同程度的强弱关系。合理建立政府购买公共服务资源管理的网络结构是厘清政府购买公共服务主体间关系、规范政府购买公共服务的主体行为，以及提高政府购买公共服务政策实施成效的先决条件和关键因素。

2.3.4 平衡计分卡理论

1992年普兰和戴维诺顿首次提出了一种对企业管理绩效进行评价的重要工具——平衡计分卡，随后详细阐述了平衡计分卡的含义和操作方法。平衡计分卡是一个基于战略指标整合的新评价体系，在保留基础的财务指标基础上，增加了客户、内部业务流程、学习与成长等制约未来财务业绩的因素。在这一新框架下，平衡计分卡从四个维度完整表达了企业的愿景与战略，着重解决了企业业绩的有效评价与企业战略的成功实施这两个基本问题。之后，保罗·R. 尼文（2012）系统地阐述了平衡计分卡在公共部门绩效评价中的应用问题。平衡计分卡通过科学构建政府和非营利组织的绩效评价体系，将政府和非营利组织的战略目标分解成具体的执行指标和运营目标，可以显著提高财务和运营效果，更好地满足受益人的需求。

平衡计分卡将企业的愿景与战略转化为以下四个密切相关的维度：第一，财务维度。财务指标是最为传统的企业绩效评价指标，也是平衡计分卡重要组成部分。平衡计分卡通过财务指标反映和衡量评价对象为改善最终经营成果（如利润）做出的贡献大小。第二，客户维度。评价对象制定客户维度目标与指标的关键是确定目标客户以及明确为目标客户服务的价值定位。第三，内部业务流程维度。内部业务流程维度主要是在股东和客户目标的指导下，从流程再造、运营过程和售后服务中选取指标，衡量现有业务改善的程度和产品和服务的长期革新情况。第四，学习与成长维度。学习与成长维度是实现其他三个维度目标的动力源泉，推动其他三个维度目标实现。

平衡计分卡作为一种政府和非营利组织绩效评价的有效工具，可以用于评价政府购买公共服务的主体行为成效。借鉴平衡计分卡构建主体行为的评价体系，将政府购买公共服务的政策目标转化为每一个参与主体的运营目标和执行指标，可以对主体行为成效进行测评，分析主体行为取得的成绩和存在的问题，为进一步改进主体行为、提高财政资金使用效率，达成政府购买公共服务的政策目标提供依据。

2.3.5 激励相容理论

（1）激励相容理论的主要思想。

哈维茨（Hurwiez）在机制设计理论中对“激励相容”（incentive compatibility）的界定是：“在市场经济中，每个理性经济人都会有自利的一面，其个人行为会按自利的规则行为行动；如果能有一种制度安排，使行为人追求个人利益的行为，正好与企业实现集体价值最大化的目标相吻合，这一制度安排就是‘激励相容’。”[①] 激励相容的目标在于为信息不对称的集体行动困境寻找出路，因为在信息不对称前提下，制度各主体存在利益冲突，极易出现激励不相容的现象。为了有效化解冲突，降低冲突中产生的效益损失，需要通过制度设计为利益主体构建激励与约束框架。

威廉·维克里（William Vickrey）和詹姆斯·米尔利斯（James Mirrlees）认为“由于代理人和委托人的目标函数不一致，加上存在不确定性和信息不对称，代理人的行为有可能偏离委托人的目标函数，而委托人又难以观察到这种偏离，无法进行有效监管和约束，从而会出现代理人损害委托人利益的现象并造成两种后果，即逆向选择和道德风险，这就是著名的‘代理人问题’”[②]。为解决此问题，委托人需要做的是通过设计一个的激励约束机制，使委托人与代理人的利益进行有效“捆绑”，以激励代理人采取最有利于委托人的行为，从而委托人利益最大化的目标能够通过代理人的效用最大化行为来实现，达到最优的激励约束水平，即实现激励相容。

（2）政府购买公共服务主体行为中的激励相容。

政府购买公共服务作为一项公共服务供给制度的创新，将社会力量视为公共服务供给的重要合作伙伴，体现了效率与公平目标的有机融合。这一融合能够在明确并发挥政府责任的同时，引导社会力量参与到各层次的政府购买公共服务项目中来，最大限度保障社会公众权益诉求的实现。政府购买公共服务主体行为中的激励相容，就是结合创新公共服务供给方式，构建政府

---

① 刘有贵，蒋年云．委托代理理论述评［J］．学术界，2006（1）：69－78．

② 王燕．基于激励相容的地方政府竞争行为分析［J］．经济论坛，2015（3）：133－135＋152．

购买服务过程中政府、社会力量、社会公众权益联动形成的“契约”精神和激励相容机制，在上下互动、横向联动中相互制约、协同发展，实现多方共赢。在激励相容的约束机制下，把政府的政策目标、社会目标与社会力量的专业技术、运营效率以及社会公众的参与意识和能力等因素有效结合起来，推进政府购买公共服务多元主体协同供给，充分提高公共服务的供给效率，在横向联动中实现“多方共赢”。具体实现机理为：一是通过引入市场竞争机制，将社会资源配置到公共服务提供中，不仅可以降低供给成本，而且有利于减轻财政支出压力，促进政府从“管理”向“服务”的转变。二是充分释放社会力量的活力。社会力量在政府购买公共服务政策和资金的引导下，增强提高自身建设与服务能力的激励，从而更好地履行政府购买公共服务承接者职责；三是保障社会公众的权益。政府购买公共服务使得政府、社会力量和社会公众之间信息交流渠道更加畅通，由此可以减少政府与社会公众之间信息不对称的现象，一方面社会公众可以更好地表达对公共服务的诉求；另一方面政府通过加大有效投入，不断扩大政府购买服务范围，全方位保障社会公众多层次、多样化需求的实现来对诉求做出回应，进而更有效地实施公共服务供给责任。

第3章 政府购买公共服务主体行为的边界划分与协同机制

政府购买公共服务的主体行为的边界划分是主体履行职责的前提条件，也是规范主体行为的主要依据。主体行为的协同机制是提高购买服务绩效和完善购买服务制度的重要环节。因此，行为边界的划分和协同机制的界定是主体行为研究的逻辑起点和重要内容。

3.1 政府购买公共服务主体行为的边界划分

政府购买公共服务是由购买主体、使用主体、承接主体和评审主体这四个利益相关者的主体组成的联合体共同实施与推进的。政府购买公共服务的主体具有识别环境能力、判断问题能力、独立决策能力和采取行动能力，能根据自身所处的环境做出适应性反应，主动调整与其他主体的作用关系。外部环境变化的复杂性、主体选择行为的随机性以及行为主体之间的非线性相互作用关系，决定了主体行为变化的动态性以及主体行为结果的不确定性。因此，为了加强主体行为变化的可控性，减少主体行为结果的不确定性，主体间行为的职责与活动边界必须明确划分。

3.1.1 购买主体：制度设计与执行购买

（1）制度设计。

政府购买公共服务实质上是一种多元主体供给公共服务的模式。这一模式的核心是政府在保证和强化自身提供公共服务职能和责任的前提下，引入竞争机制、价格机制、供求机制等市场运行机制，将此前由政府包揽的公共服务生产、监督评审等职能部分转移给社会力量承担。在多中心治理理念的指导下，购买主体的首要职责是设计和完善政府购买公共服务的制度体系。

其一，合理划分政府、市场与社会的职责边界。在政府购买公共服务中从制度层面明确政府角色定位，明晰政府、市场和社会的职能边界。政府、市场与社会职责边界的划分，可以规范社会力量参与提供公共服务的机制，降低市场准入难度，从而提高公共服务质量。

其二，完善制度顶层设计。在制度的顶层设计中建立政府购买公共服务的法律法规体系、制定长远整体规划、设计具体实施流程和步骤、完善相关制度机制、提供制度实施的环境支撑和配套条件。

其三，规范预算编审。政府购买公共服务的根本目的在于通过财政资金使用方式改进以便加强资金管理，为此，需要从预算编审的源头进行把关。从预算的流程看，购买主体首先在部门预算的编制环节统筹安排，一方面在编制部门预算时同步编制政府购买公共服务预算，并和已有的政府采购预算进行衔接，另一方面合理确定政府购买公共服务预算在预算安排中的权重；其次，政府购买公共服务预算同步上报立法机构备案，更好地接受预算监督；最后，及时批复预算，确保预算执行进度，避免财政存量资金规模过大的现象发生。

（2）执行购买。

政府购买公共服务制度设计能否达到预期效果，在很大程度上取决于制度地贯彻执行。购买主体在贯彻落实购买制度、高效实施购买决策中的职责主要包括四个方面：

第一，合理界定购买范围。政府购买公共服务范围的大小与该项制度设立及实施的必要性和可行性密切相关。一方面，购买主体需要综合考虑政府购买公共服务项目的供需状况，并以此为基础确定购买服务项目的清单及优先序，如重点考虑、优先安排与保障和改善民生密切相关的领域和项目，从而彰显该项制度推行的客观必然性和正当性；另一方面，结合制度具体实施所必备的基础环境、技术条件等因素，科学编制政府购买公共服务指导性目录并依据变动情况适时进行动态性调整，从而更好地明确购买服务的种类和内容，切实保证制度的有效运行。

第二，有效选择购买方式。政府购买公共服务方式的选择是解决怎么买的规范性问题，并直接关联到制度实施的有效性。购买主体在权衡购买公共服务的类型、购买规模、资金额度、市场竞争及社会组织发育程度等因素的基础上，采取适宜的购买方式，如定向委托、公开招投标、分散购买、集中购买等。

第三，择优确定承接主体。购买主体在综合考量使用主体的评价信息反馈、承接主体资质与前期评审主体评审报告的基础上，对供应商进行排序，择优选出政府购买公共服务的承接主体。

第四，充分运用评审信息。购买主体依据评审主体反馈的评审信息实施购买行为，这主要体现在三个环节：购买前购买主体以需求评审信息为基础确定购买服务的范围；购买中以前期评价信息为参考选择承接主体；购买后以绩效评审信息为依据拨付财政资金。

3.1.2 使用主体：委托购买与参与执行

作为公共服务的需求方，使用主体委托并配合购买主体自身所需的公共服务。因此，在政府购买公共服务的活动中使用主体并非仅是被动的接受者，更是主动的参与者，其行为边界贯穿于购买公共服务的全过程，具体表现为：

第一，确保公共服务供给的价值取向。随着经济社会的不断发展和人们生活水平的日益提高，公共服务供给的内容日益丰富、种类日渐增多，使用主体的需求也日趋多样化。公共服务与私人服务最大的区别在于，政府供给要以实现社会的公平正义为价值取向，优先考虑弱势群体的迫切诉求。使用主体的广泛参与有助于维系公共服务供给公益性的价值取向，是保障公共服务供给不偏离公平正义价值取向的重要举措。

第二，协同确定政府购买公共服务的内容。政府重视并积极回应社会公众对公共服务的需求，是建设服务型政府的内在要求。使用主体作为公共服务的最终消费者，对自身需求的公共服务种类、数量和规格等信息有一定的要求。在政府购买公共服务的过程中，由于主体间存在着信息不对称问题，因而使用主体的需求表达是一个不可或缺的环节。政府购买公共服务的内容来自于使用主体的需求，是购买服务获得社会公众的认同与支持的前提条件，也是保证购买服务实施成效的必然选择。

第三，积极配合公共服务的满意度调查和绩效评估。一方面，在政府购买公共服务的过程中，社会公众委托政府管理社会公共事务，是公共服务的最终受益者和消费者。使用主体的满意度是衡量公共服务供给水平的主要指标。另一方面，公共服务消费的分散性和享用的特殊性，决定了以政府作为单一主体对公共服务的供给进行评价与监督，难以实现绩效评审的全面性和有效性。使用主体基于对承接主体工作状况、专业程度、服务质量等方面的直观感受，对公共服务的绩效进行评价，从而为公共服务的绩效评审提供第一手的可靠依据。使用主体参与公共服务的满意度调查和绩效评估是完善政府购买公共服务制度、提高服务供给绩效的必要环节。

3.1.3 承接主体：承接服务与履约生产

作为公共服务的生产者，承接主体是连接购买主体和使用主体的中间环节，也是评审主体的主要评审对象之一。承接主体的行为成效直接关系到政府购买公共服务政策的实施效果，关系到社会公众对公共服务供给的满意度。承接主体在政府购买公共服务中的行为边界包括两个维度：

第一，参与承接公共服务竞争。社会力量通过公开渠道获取政府购买公共服务的招投标信息，查阅购买服务的相关内容，了解对承接主体资质的要求以及参与竞争的程序。社会力量客观评估自身条件，在满足相关资质要求的前提下，按照招标要求准备材料报名参与承接服务的竞争。社会力量在竞争过程中，如实向购买主体报告专业技术能力、物质装备条件、商业信誉和财务状况等与服务承接能力相关的信息，从而为购买主体择优提供依据。

第二，履行合约生产服务。社会力量在通过购买主体的供应商筛选后，与购买主体签订购买服务合同，正式成为政府购买公共服务的承接主体。承接主体遵守政府购买公共服务的法律法规和制度规定，按照购买服务合同约定的期限、时间、服务项目、服务对象、服务内容等进行生产。生产过程中，承接主体的行为受购买主体、使用主体和评审主体的监督和评价。承接主体按照合同规定的标准提供公共服务，创新服务理念和提高专业化服务水平，全方位提高公共服务的生产质量，履行合同规定的生产义务。

3.1.4 评审主体：公正评审与有效监督

作为提高财政资金使用效益的一项制度创新，政府购买公共服务能否达到预期的目标或偏离目标的程度及其原因需要借助监督检查和绩效评价来加以检视。因此，在政府购买公共服务这一系统工程中，评审主体是不可或缺的组成部分，其行为边界就是对政府购买公共服务活动的合理性、合规性、合法性和有效性进行事前、事中和事后评估，具体包括：

第一，事前对需求进行评估。在政府划定购买范围之前，评审主体就公共服务是否应该提供、提供方式和提供规模等一系列问题进行评估，为购买主体和使用主体协同做出购买决策给出参考意见。

第二，事中对供给过程进行评估。在公共服务供给过程中，评审主体对参与竞争的社会力量进行评估，协助购买主体择优选出具备资质、符合条件的承接主体；对承接主体的服务全程进行评估，以便为购买主体按照购买合同履约拨付财政资金提供依据。

第三，事后对服务效果进行评估。评审机构构建评估指标体系，并运用科学的方式方法进行评估，确保评估结果的专业性、客观性和公正性，并及时发布和更新评审信息，定期披露评估反馈情况。评审结果为后续政府购买公共服务的项目立项、购买流程设计、承接主体选择和监管重点设置等提供信息支撑。

3.2　政府购买公共服务主体行为的协同机制

政府购买公共服务是一个环环紧扣的统一体。在政府购买公共服务的活动中，购买主体、使用主体、承接主体和评审主体既有各自的职责定位和相对独立性，又密切联系和相互衔接。按照政府购买公共服务的流程，使用主体将自身对公共服务的需求通过一定的表达机制传送到购买主体；购买主体通过与承接主体订立合同契约，向承接主体购买使用主体所需的公共服务；购买主体引入第三方评估机制，借助评审主体对承接主体生产公共服务的过程进行全程监督；评审主体的监督还需参考使用主体对公共服务的使用反馈，以达到准确评价的目标。因此，在明确政府购买公共服务主体行为边界的基础上，主体行为协同机制的构建是推进政府购买公共服务的客观需要。

3.2.1　协同机制的内涵

协同机制是指政府购买公共服务的四元主体，为了实现共同的公共服务供给的预期目标，基于自身的内在动因，合作面对和处理公共服务供给的事务，建立与维护主体间依赖关系，对各主体资源进行交换与共享的运行机理。对于公共服务多元供给来说，政府面临着公共服务供需矛盾、社会力量蓬勃发展的现实，既需要社会力量参与提供公共服务，又要努力削弱社会力量的自发性和无序性以维护自身利益与社会稳定；另外，社会力量同样出于自身利益的考量决定参与协同机制的行动和程度。政府购买公共服务主体行为的协同机制引入四元主体参与公共服务的供给，发挥四元主体的作用，使得四元主体有机会表达与争取自身利益，同时为政府购买公共服务输送资源，创新公共服务的供给方式，拓宽公共服务供给渠道。

政府购买公共服务主体行为的协同机制可以通过一个动态的锥体来刻画（见图 3－1）。锥体的底部表示参与政府购买公共服务的四元主体行为的范围边界，各参与主体围绕政府购买公共服务的决策、购买、生产、评审四个环节，通过权责对等、利益协商、平等合作和有序竞争的协同治理运行机制共

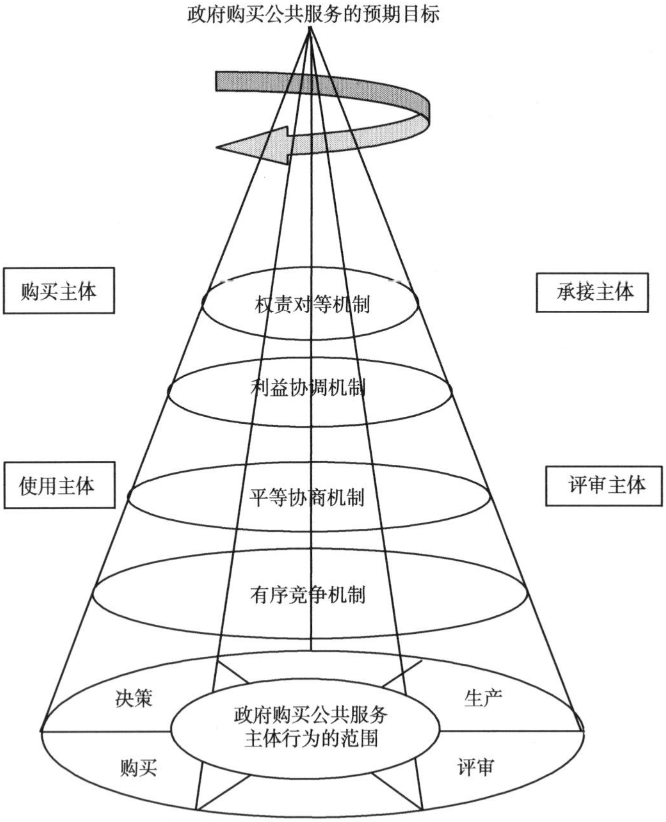

图 3－1 政府购买公共服务主体行为的协同机制

同作用，实现处于锥体顶部的政府购买公共服务预期目标。可见，这一协同机制是一个交互的、双向的（自上而下和自下而上相结合）、动态的运行机制。在四个主体发挥协调作用的过程中，各自拥有不同的资源优势，具体表现在：购买主体拥有制度供给、引导协调、法律监管、财政拨款等优势；使用主体市场拥有参与实践、技术支持与捐赠、效果评定等优势；承接主体拥有社会资源募集能力、组织网络体系、专业技能等优势；评审主体拥有专业知识、客观评价、方法先进等优势。政府购买公共服务主体行为的协同机制可以充分发挥四元主体的资源优势，形成优势互补和协同合力，实现政府购买公共服务的预期目标，提高公共服务供给的质量和效率。

协同机制的运行有两个基础条件：一是内在动因的推动，即主体能够从参与协同机制中获得所期许的有价值的东西。这种推动体现在政府既还权于民、提高财政支出效能，又保持自身的权威与主导能力；使用主体日益增长的公共服务需求的满足；承接主体的迅速发展、公平参与竞争；评审主体拓宽业务范围、参与公共服务评审等方面。二是预期目标一致，即参与主体协同推进政府购买公共服务的意向一致。这种一致性体现在以政府为主导的政府购买公共服务制度逐渐形成，并通过该制度将各参与主体的利益通过合作、竞争、制衡的运行机制连接在一起。

按照组织间关系理论，组织间形成稳定关系的预期目标主要包括：降低交易成本、促进社会福利的帕累托改进和纠正外部效应等。基于政府购买公共服务主体间行为关系，其协同机制一致性的目标主要包括以下三个方面。

（1）降低交易成本。交易成本又称交易费用，是由诺贝尔经济学奖得主科斯所提出的，泛指交易各方为达成交易所耗费的一切成本①。交易成本的大小受交易商品或资产的专属性、交易的不确定性和交易的频率因素制约，主要包括事前的搜寻成本和信息成本、事中的议价成本和决策成本以及事后的监督成本和违约成本。

政府购买公共服务实施之前，公共服务供给只涉及作为供需双方的政府和社会公众。政府和社会公众是一种隐性的交易关系，表现为政府向社会公众筹集财政收入以提供公共服务，社会公众缴纳税赋并消费公共服务。政府作为一个组织与广大的公共服务使用主体进行交易，交易之前，政府需要耗费大量人力物力调研使用主体对公共服务需求的数量与质量；交易之中，由

① 科斯. 企业、市场和法律［M］. 上海：上海三联书店，1990.

政府承担公共服务生产和供给的全部成本；交易之后，政府密切关注公共服务使用后的意见反馈。

政府购买公共服务实施之后，政府通过向社会力量购买提供公共服务。特定公共服务的供给只需购买主体与某一特定的社会力量进行交易，从而使交易各环节的成本相应地减少。如表3－1所示，从购买主体的角度来说，由于建立了使用主体需求表达机制，事前交易成本中的搜寻成本和信息成本都相应减少；由于建立了科学的购买决策机制和服务绩效评审机制，事中交易成本中的议价成本和决策成本降低；事后的交易成本在现行制度下暂时维持既定水平。

表3－1　　　　购买主体视角下交易成本的构成及变化趋势

交易成本分类	事前的交易成本	事中的交易成本	事后的交易成本
交易成本内容	搜寻成本	议价成本	监督成本
	信息成本	决策成本	违约成本
交易成本变化	减少	减少	增加

（2）实现社会福利的帕累托改进。按照组织间关系理论，组织间关系的形成不仅为成员组织带来收益，更可以促进社会福利的帕累托改进。组织间互动过程中形成的组织间关系是弥补市场缺陷的制度性工具，“其本质可以视为单个组织通过组织间关系的形成获得帕累托边界外推所产生的超额租金，从而获得竞争优势，实现一般均衡和组织间交易的利益最大化”①。

本章借鉴对偶关系的结构形式来对组织间的帕累托改进情况进行埃奇沃思互补分析。假设政府和社会力量进行A和B两种物品（实物资源、信息、知识、关系等）交换（见图3－2）。左下角是政府的原点，右上角是社会力量的原点，横轴度量物品B的数量，纵轴度量物品A的数量。为便于对政府和社会力量的交换活动进行经济描述，假设每个主体都有一组凸的无差异曲线来表示自己的偏好，即每个主体都希望自身效用最大化。进行资源交换的政府和社会力量在进入网络组织前，均能够达到的最优状态为C和D，对应的效应曲线为CD效用曲线（见图3－3）。进入网络组织后，交换双方实现埃奇沃思互补，双方的内部效益和外部效益均得到提高，双方的交换位于更高的无差异曲线E和F上，对应于图3－3的EF效用曲线，从图3－3可以

① 罗珉，赵亚蕊．组织间关系形成的内在动因：基于帕累托改进的视角［J］．中国工业经济，2012（4）：76－88．

直观地看出，效用曲线的变化实现了帕累托边界的外推。由此可知，政府和社会力量加入政府购买公共服务协同机制的目标是实现帕累托改进。

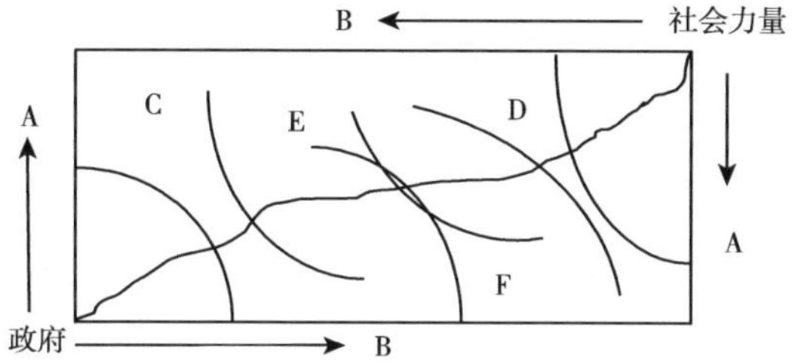

图3－2　主体间埃奇沃思互补的无差异曲线改进

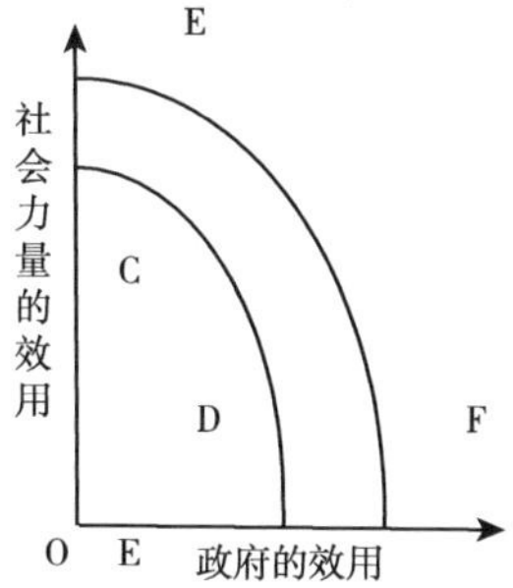

图3－3　政府和社会力量的帕累托改进

（3）纠正外部效应。所谓外部效应就是某一经济主体的经济行为使其他经济主体获得收益或遭受损失的情况。在建立起政府购买公共服务主体行为的协同机制之前，政府生产和提供公共服务所产生的正的外部效应主要被使用主体获得，使用主体对公共服务的需求得到了一定程度的满足；而政府生产和提供公共服务的负的外部效应也由此产生，在既定市场环境下，当政府生产并提供公共服务时，由于公共服务的增加替代了一定数量的私人服务，使得私人服务数量由公共服务提供前的 Q_1 下降到 Q_2（见图3－4）。使用主

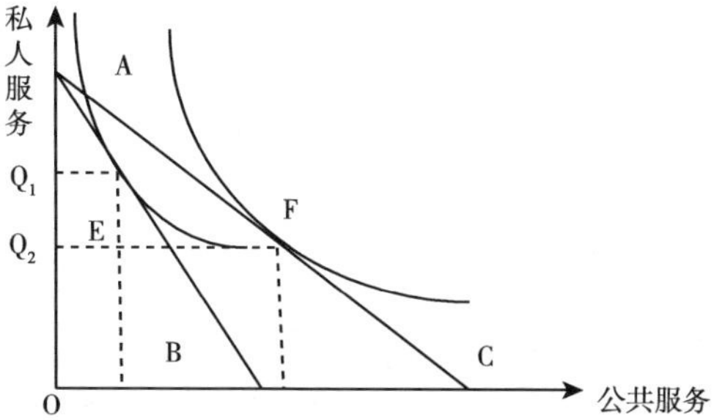

图3－4　政府生产提供公共服务的替代效应

体对私人服务的需求相应减少，从而使得作为私人服务生产者的社会力量效益下降。

政府购买公共服务主体行为协同机制的建立可以有效地纠正之前出现的负的外部效应。政府提供的公共服务中，一部分仍然由自己生产并提供，另一部分由政府通过招投标等机制择优选择公共服务承接主体，随后提供给使用主体，这样并没有改变既有的私人服务生产格局。如图 3－5 所示，政府购买公共服务时，私人服务的数量维持在 Q_0 的水平上，而公共服务的数量由 Q_1 上升到 Q_2。

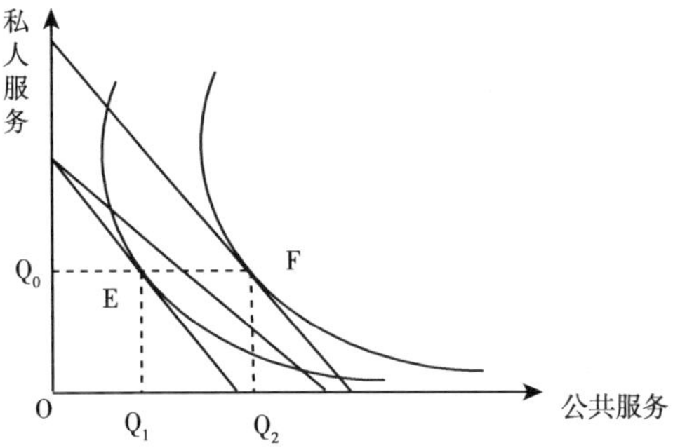

图 3－5　政府购买公共服务的效应分析

3.2.2　协同机制的构成要素

在政府购买公共服务过程中，主体间由于行为动机、利益和行为方式等方面的差异而产生利益冲突。为保障四元主体能够共同推进，政府购买公共服务需要完善的协同机制做保障。政府购买公共服务主体行为的协同机制，在制度安排时考虑不同主体共同目标与行为逻辑之间的冲突性与协调性，旨在保障功能优势和运作机制不同的每个主体在购买服务中实现四元主体最大限度的融合与协同，进而实现购买服务的预期目标。主体行为的协同机制主要由以下四个要素构成。

（1）权责对等机制。

权责对等原则是指对于政府购买公共服务的四元主体来说，其承担的责任应当与其拥有的权力相适应。它是政府购买公共服务主体实现良性合作共治的前提条件。四元主体权责不一致即有责任没有对等的权力或有权无对等的责任，则无法实现购买服务的目标和保证购买服务的绩效。为此，协同机制必须按照协同治理要求，依法界定政府购买公共服务主体的权责，使主体的权责明晰、对等一致。协同机制要对政府购买公共服务中主体间的政治权力、社会权力、行政权力进行合理地整合与配置，依法整合多元化权力、维护社会权力、规范国家权力，使四元主体在政府购买公共服务中实现有效协同，通过分工合作发挥各自的功能优势。

（2）利益协调机制。

利益关系是政府购买公共服务主体间各种社会关系的基础。主体行为利益协调机制的建立，是政府购买公共服务四元主体持续协同合作的重要保证。利益协调机制可以从根本上防止四元主体间利益分化过度、贫富差距过大，避免因社会关系过度紧张而引发的一系列社会问题，有利于实现四元主体的有效协同。主体行为的利益协调机制，首先要依托政府制定政策与规则，在保护主体正当利益的基础上增强社会责任感，践行公益至上、集体主义精神，实现主体自身利益与社会整体利益的平衡；其次要针对拥有权力与资源优势的强势主体因利益追求之间的差异性，强迫弱势主体按照其意志行事情况，借助政府强制性的制度规则，发挥其利益调节功能；最后要赋予四元主体制约与监督其他主体的权力和责任，通过纠正偏离总体目、损害整体利益的行为，实现四元主体之间的利益平衡，保证主体的利益均衡和公平正义。

（3）平等协商机制。

主体间平等协商互动是政府购买公共服务主体实现有效的协同购买的基础。主体间协商互动机制的建立，体现在政府购买公共服务主体对购买服务目标的设置、公共资源的配置、具体问题的解决方案、主体的角色功能定位及各自利益的维护等进行正向博弈从而达成共识，形成集体行动。这一机制主要协同关系的确立与政府购买公共服务的全过程发挥作用。

通过互动协商确立主体间的协同关系是主体间平等协商机制构建的首要内容。政府购买公共服务主体立足于自身的资源优势和能力范围，通过协商处理购买服务的具体事务或问题，探讨确定其性质与解决途径。这就要求政府购买公共服务主体首先必须明确协同目标与自身目标的关系、职责分工情况、协同推进的规则与方式以及利益共享情况。主体间互动协商并最终就行动方案达成共识，形成统一的集体行动，最优配置主体间的资源与能力，在购买服务项目取得成本—效益最大化的同时，使得问题以较低的成本迅速得到解决。其次，主体在行为边界以内也要执行平等协商机制。政府购买公共服务主体对协同推进中遇到的问题相互协商，及时反馈购买服务的进程和效果，以纠正各种不利于协同购买的主体行为，减少各主体在具体购买过程中的矛盾或冲突，减少购买服务的内耗成本，提升协同购买的绩效。

（4）有序竞争机制。

有序竞争是政府购买公共服务主体行为协同机制的内在要求。有序竞争机制通过维持购买服务的竞争性运行机制，提升政府购买公共服务主体的活力、提高购买服务的效率与质量，避免政府购买公共服务陷入僵化封闭状态。因此协同机制中有序竞争机制的主要功能在于维持主体行为的动力与活力，提高整体协同购买服务的绩效。有序竞争机制需要维持两类竞争关系：一类是以合作为前提，主体之间在协同购买过程中就购买服务项目的选择、购买资源与权力的配置、购买利益共享与分配等问题进行的有序竞争；另一类是以合作为目的，为争取协同参与机会而在主体内部成员之间展开的有序竞争。

多种社会力量包括事业单位、社会组织、社会公众、企业特别是民营和个体企业等都参与政府购买公共服务。在政府购买公共服务领域内，参与主体由于社会资源的稀缺性，并不都能得到相关资源尤其是政府提供的资源支持。同一主体内部之间或不同主体之间只有通过有序竞争才能形成合作关系，这就推动他们增强自身能力以获取相关资源的支持，从而为社会公众提供更高质量的公共服务。

3.2.3 协同机制的运行机理

组织间关系理论揭示了组织在组织间协同机制中发挥作用的一般规律，阐述了组织间协同机制对组织发展和经济运行的影响。一般意义上组织间协同机制包括建立组织间市场交换和嵌入行为两种①，政府购买公共服务主体也从这两个层面进行协同购买行为。

（1）政府购买公共服务主体间的市场交换行为。

政府购买公共服务的核心内容在于购买主体如何受使用主体委托，在评审主体的监督下，向社会力量购买公共服务。因此，政府购买公共服务的协同机制落脚点是购买行为，即按照市场规律进行的交换行为。协同机制运行的首要机理是购买主体和承接主体按照市场等价交换的一般原则进行交易。购买主体和承接主体作为市场交换行为的双方地位平等、相互独立，遵循自

① 何晴，张黎群．组织间管理控制模式与机制研究评介［J］．外国经济与管理，2009（10）．

愿共赢的原则参与交易。双方基于自身效用最大化原则，签订购买合同、建立契约关系，充分发挥市场机制的基础性作用，提高了资源配置的效率。

（2）政府购买公共服务主体间的嵌入行为。

嵌入行为又称为根植行为，“指的是经济行为的社会嵌入性，即社会关系对经济行为的影响[①]”。依据嵌入形式的不同，可以将嵌入行为分为：关系性嵌入和结构性嵌入。

第一，政府购买公共服务主体间的关系性嵌入。主体间的关系性嵌入是指政府购买公共服务的主体嵌入于政府购买公共服务的关系网络中并受其影响和制约。依据主体间互动的频率高低可以将关系类型分为强关系和弱关系。强关系使得主体间的合作更有默契，主体间的学习和模仿更容易发生，主体间信任度更高，从而减少不确定性引致的风险。弱关系意味着主体间在知识结构、经验背景方面具有较大差异，更能为彼此带来新的信息和资源。政府购买公共服务主体间的嵌入行为主要体现在以下四个方面：

其一，专业性信息的传递。信息在主体间的传递收到嵌入关系的影响。信息是存在质量差异的，同一网络中的信息传递质量会更高。政府购买公共服务的社会网络形成之后，政府购买公共服务主体间专业信息的传递将更为有效。例如，购买主体通过向承接主体购买服务可以了解到本行业产品的最新发展动态及未来的发展趋势，可以对现有的技术和革新有更为深刻的了解；同时承接主体在竞争中可以分享工作经验和传送默会性知识，从而决定是否有必要对原有的技术进行必要的改造；评审主体通过对承接主体的服务质量进行评审可以在实践中提高评审能力和评审水平。

其二，主体间的互利。与处于市场交换关系的主体不同，当某一政府购买公共服务主体在生产经营中遇到困境时，其他主体放弃短期的收益而提供必要的帮助一起共度难关。这是因为，政府购买公共服务主体间的关系性嵌入会持续影响主体们的行为，使其在没有可预期收益的情况下依然会提供资源，出现互利行为。政府购买公共服务过程中，政府和社会力量长期合作而形成了一种新型的伙伴关系。当社会力量在承接生产、评审服务过程中遇到障碍时，政府可以给予一定的政策支持和资源鼓励，从而协助其更好的承接公共服务生产和评审工作。

其三，事后支持。有限理性和机会主义的存在，一方面引发了签约成本，

① 罗珉，何长见．组织间关系：界面规则与治理机制［J］．中国工业经济，2006（5）．

另一方面也诱致了履约成本。资产专用性、不确定性和交易频率三者决定了交易的特征，而交易的特征制约了治理结构的选择。当购买主体向承接主体购买服务的交易次数不多且承接主体未因此做专属性资产的投资时，双方关系如何意义不大，此时仅仅依靠市场机制就可以治理。当购买主体与承接主体签订长期合同并且承接主体因此进行专属性投资时，一方的有限理性和机会主义行为将会使得资产专用方遭受较大损失。因此，即使有合同作为约定，双方达成了契约，承接主体也不愿进行专属性资产的投资。这时，购买主体与承接主体间的关系嵌入，可以限制双方有限理性和机会主义的倾向，从而降低签约成本和履约成本，增加双方履约的可能性。

其四，主体间的适应。政府购买公共服务主体间若只是简单的市场交换关系时，资源的配置主要依靠市场机制。市场机制的自发性和盲目性等缺陷，可能会导致生产者的策略调整落后于市场变化。这种落后持续时间越长，引发资源次优配置的时间也就越长。如果服务的自身属性决定了研发和生产的周期较长，这种状况尤甚。而当政府购买公共服务主体间存在嵌入关系时，由于信息沟通顺畅有效，一方面购买主体能够及时掌握使用主体的需求变化信息并传递给承接主体，承接主体可以更好地将生产能力同使用主体的需求相匹配；另一方面购买主体可以迅速从评审主体那里获取对承接主体服务质量的评估报告，从而选择合适高效的承接主体。嵌入关系的存在使得紧密连接网络中的主体更容易拥有共同的行为预期，也更有利于网络中行为规范的形成和实施。

第二，主体间的结构性嵌入。结构性嵌入是指政府购买公共服务的主体行为嵌入于四元主体构成的社会结构之中，并受到来自社会结构的经济、文化、价值观等因素的影响。具体地，主体间的结构性嵌入程度受到下列因素制约：

其一，经济的外部性与区域竞争优势。纵观我国地方政府购买公共服务的实践，尤以广东省和上海市发展最为迅速，这与当地的区域竞争优势和经济的外部性有密不可分的关系。这两个区域作为我国改革开放的前沿阵地，区域内政府购买公共服务的四元主体可以获得其他地区主体所不具备的竞争优势。

其二，内生交易费用与多重博弈。交易费用可以分为内生交易费用和外生交易费用，内生交易费用是指政府购买公共服务主体在交易中为获得更多的收益而牺牲别人的利益所引致的效率损失；外生交易费用是指政府购买公共服务主体交易过程中直接或间接产生的费用。其中内生交易费用产生的根源在于信息不对称引发的逆向选择和道德风险等机会主义行为。当政府购买公共服务主体间的交易是基于个人的、单次的信任博弈时，由于信息不对称的存在很难建立起高水平的信任关系。当政府购买公共服务主体间的关系嵌入到社会结构之中时，政府购买公共服务主体的行为就会受该区域特定的信任水平、习俗和价值观等结构性特征的影响，这时政府购买公共服务主体间的关系就会转变为社会实施的、多次重复的信任博弈。从而降低了交易费用。

其三，重复嵌入与治理机制。合同签订之前，政府购买公共服务主体间交易会出现多人竞价局面；在履约时期，由于专用性资产的存在使得少数人交易取代了多人竞价局面。这时交易一方很可能利用对方的专用性投资而实行机会主义行为。为了防范这一情况的出现，利用政府购买公共服务主体间关系的多重属性采取重复嵌入的治理机制是必由之路。购买主体为避免自己被某一承接主体套牢同时委托多个承接主体的组织安排。这种安排使得多个承接主体之间相互监督竞争，其实质就是在多个承接主体之间形成一种重复嵌入的关系，从而减少某一个承接主体的机会主义行为。

第4章　政府购买公共服务主体行为的激励约束机制

政府购买公共服务主体行为除了不同主体在各自边界内的行为与相互间协同外，主体行为的激励约束机制也是一个重要的方面。这一机制主要包含两个方面：一是主体体系的激励约束机制，即四元主体构成的整体受到的来自于购买服务制度内外的政治激励约束、法律激励约束、经济激励约束特别是财政激励约束等。二是主体间的激励约束机制。基于主体间的链式二重委托—代理关系，政府购买公共服务主体间形成了使用主体对购买主体的激励约束机制、购买主体对承接主体的激励约束机制以及购买主体对评审主体的激励约束机制。

4.1　主体体系的激励约束机制

政府购买公共服务的主体体系是由购买主体、使用主体、承接主体和评审主体四元主体构成的有机整体。主体体系因四元主体特征及行为表现不同，其内在的和外在的激励约束也各不同相同。主体体系的激励方式和约束条件在很大程度上对四元主体的行为产生影响，激励方式激励四元主体加大实施某些行为的频次或强度，而约束条件则会限制某些行为的发生频率或是力度大小。

4.1.1　主体体系激励约束的必要性

（1）有利于融合主体的利益目标。

政府购买公共服务的主体体系构成中既有政府部门又有非政府部门，既有营利组织又有非营利组织，因其组织性质的差异，合作动机和所关注的利益各不相同。从购买主体的角度来看，合作动机是提供更优质公共服务的成本效益最大化；关注的利益是加强购买服务项目针对性，缓解财政资金紧张，解决公共服务供给不足等内容。因次，购买主体的行为更加指向购买服务的质量、数量和社会效益，重视的是社会公众的满意度和公共服务供给的外部效应。而从其他主体的角度来看，作为理性经济人，合作的动机是通过参与政府购买公共服务扩大其社会影响力，满足其在短时间内提升社会价值的需求；关注的利益是承接生产或评审项目获得的资金收入，能够享受政府提供的一系列优惠政策以及利润最大化目标的实现情况。为了更好地整合多方力量，政府购买公共服务主体体系的激励约束机制可以在主体诉求不同的情况下在实现多元主体的合作共赢。

（2）有利于激发社会力量的创新性。

政府购买公共服务所提供的公共服务通常为纯公共产品或准公共产品。在我国，购买公共服务的范围包括从养老服务向城市环卫、绿化养护、困难群体特殊服务、民办教育、律师服务等许多内容。因此，对于社会力量来说，承接购买服务生产与私人物品供给差异显著。与私人物品的消费与供给不同，公共服务的消费群体范围更广、群体类型多样化，其产出量化难度较大。因此，主体之间权利义务分配的公平性和合理性很难保证。同时，社会力量以往追求成本的最小化和收入的最大化，即生产者效用最大化。一旦成为政府购买公共服务的承接主体，则需同时考虑购买主体、使用主体、承接主体和评审主体四元主体的共同效用最大化。公共服务供给的特殊性和服务内容的可量化程度对社会力量的服务供给方式、服务供给流程和服务供给成本的控制都提出了新的要求。因而，主体体系的激励约束机制从激励和约束两个方面对社会力量施加影响，促使社会力量提供更高质量的服务。

（3）有利于提升政府的行为绩效。

政府购买公共服务具有服务专业化程度较高、服务标准细化、服务内容特殊等特点。政府购买公共服务的项目对主体行为的道德约束及合作的长效性有着相对较高的要求。同时，四元主体不仅参与了服务生产和提供等核心环节，还参与前期准备阶段中的购买项目设计、可行性分析等以及后期运行的绩效评审等部分。在长时间的合作周期内，政府部门的行为成效就成为至关重要的影响因素，并且在很大程度上也是购买服务项目成功是否的决定性因素。因而，主体体系的激励约束机制一方面能够鼓励政府部门推动相关优惠政策的落地实施，另一方面可以约束政府部门的行为，保证政府购买服务职责的高质高效履行，最终增强政府的行为绩效。

4.1.2 主体体系的激励方式与约束条件

在政府购买公共服务中，多种组织形式参与并构成政府购买公共服务的主体体系。政府购买公共服务的主体体系按照组织形式的不同分为政府部门和非政府部门，其中政府部门是指依照国家法律设立并享有行政权力、担负行政管理职能的国家部门，而非政府部门是指除了政府部门之外的一切组织形式。主体体系中购买主体由政府部门和政府授权部门构成，属于广义的政府部门范畴；使用主体主要是指消费和使用公共服务的社会公众，属于非政府部门的范畴；承接主体由事业单位、社会组织、企业和个人构成，其中事业单位和部分受财政支持的社会组织属于广义的政府部门范畴，其他属于非政府部门范畴；评审主体由财政部门、审计部门、权力机关、司法机关、第三方机构、新闻媒体和社会公众等构成，其中财政部门、审计部门、权力机关、司法机关等属于政府部门的范畴，第三方机构、新闻媒体、社会公众等属于非政府部门范畴。政府部门与非政府部门的激励约束机制不同，因此主体体系的激励约束可以分为政府部门的激励约束与非政府部门的激励约束。

（1）政府部门的激励方式与约束条件。

按照新制度经济学理论，政府部门的行为主要受到来自于技术类和制度类两种激励约束因素的影响。其中技术类激励约束因素主要是指能够对政府部门政策的目标实现、可行性和有效性产生影响的激励方式和约束条件，具体包括政府的资源配置能力、非政府部门的参与意愿和能力等。而制度类激励约束因素则是指国家层面、社会层面、法律方面等制度设计相关的激励方式和约束因素。具体地，可以将其分为激励方式和约束因素两个方面的内容。

第一，政府部门的激励方式。政府部门的激励方式主要从以下三个方面发挥作用：首先是国家制度层面。政府购买公共服务作为一项由中央政府购买改革领导小组推进的改革项目，出台了一系列的政策文件和规章制度，激励政府部门参与政府购买公共服务。其次是部门间的科层制度方面。科层制度要求下级政府要服从上级政府并对上级政府负责，上级政府凭借其科层权威激励下级政府部门的行为。在中央政府的倡导和推动下，激励地方政府积极落实中央政策、实施政府购买公共服务。最后是官员晋升机制方面。政府部门的行为要通过政府部门的工作人员实施，因此也要受到现有晋升机制的激励。官员晋升机制中对官员绩效的考核包含政府购买公共服务实施绩效的内容，将在很大程度上激励官员推进政府购买公共服务进程，从而间接激励政府部门参与政府购买公共服务的行为。

第二，政府部门的约束条件。政府部门的约束条件包含三个方面的内容。首先，科层制度自上而下的层级约束。科层制度一方面会激励政府部门的行为，另一方面也在一定程度上形成对下级政府部门行为的约束。上级政府部门对购买服务的态度和政策倾向极大地影响到下级政府部门的行为。其次，社会约束。政府部门的行为除了上级政府还受到来自政府外部的社会力量的约束。例如，社会舆论在很大程度上影响政府部门的参与政府购买公共服务行为。最后，问责机制的约束。问责机制致力于权责利的三位一体而且具有具体可操作的评估标准，因而对政府部门的行为具有较大的约束力。

（2）非政府部门的激励方式和约束条件。

非政府部门的激励约束因素也可以分为技术类和制度类两种。其中技术类激励约束因素主要是指非政府部门生存和发展所依赖的市场环境、资源禀赋、自有技术和其他必备条件等。制度类激励约束因素是指非政府部门生存和发展所需要依赖的一切外在的制度环境。主体行为受到来自两种类型激励约束不同方向的影响：为了追求效率，非政府部门在技术类激励约束影响下，按效益最大化原则进行生产行为；为了符合国家和社会制度的预期，非政府部门在制度类激励约束下实施服从制度要求的行为。这两类激励约束对非政府部门的作用方向常常是相反的，双方的力量对比结果决定了非政府部门实施倾向于符合哪一种类型激励约束压力的行为。

政府购买公共服务的主体中除购买主体外其他三个主体不同程度地属于非政府部门的范畴。财政激励约束机制一方面鼓励非政府部门遵循政策导向，加大参与购买服务力度，另一方面约束非政府部门违背政策目标的行为，降低购买服务的风险。对非政府部门的财政激励约束机制包括五个方面的内容。

第一，财政补贴。财政为了实现特定的购买服务目标，向非政府部门提供的一种货币补偿。按照政府购买公共服务的流程可以分为购买前补贴、购买后补贴以及政策性补贴三种，具体包括：划拨土地使用权、财政贴息、税收返还、政府转移支付、直接现金补贴、无偿或低价出租相关资产或设备等。

第二，税收减免。财政根据当前发展政府购买公共服务的要求，减轻或免除满足一定条件的非政府部门税负的政策。依据参与政府购买公共服务的情况，可以分为政策减免、一般减免和困难减免，如参与政府购买公共服务即可享受的政策减免，参与过程中遇到经营困难时可享受困难减免等。

第三，财政奖励或惩罚。政府购买公共服务过程中，政府通过对非政府部门参与购买服务的行为表现进行考评，并据此其进行奖励或惩罚。一般而言，政府应事前确定考评标准，并通过合同将考评程序和规则确定下来，为奖励和惩罚预留足够的空间，鼓励非政府部门更好地参与购买服务，提高购买绩效。

第四，财政风险补偿。政府在进行购买公共服务决策时，往往不能预测和度量所有风险，因此，非政府部门可能在参与购买服务过程中因不可控因素或不可抗力而出现服务项目违约进而引发损失或风险。政府可通过财政风险补偿的方式对于非政府部门的损失和风险进行补助，从而降低其在承接服务过程中的成本和费用。财政风险补偿可以将非政府部门的风险控制在一定范围内，从而吸引非政府部门加大对购买服务项目承接的投资，促进政府购买公共服务快速发展。

第五，财政监督。财政监督主要是指在购买服务过程中对购买政策执行、涉及财政收支、会计资料、国有资本金管理等进行监管，防止非政府部门出现片面追求自身利益最大化以致损害社会公众利益的现象，充分发挥政府部门监督主体的责任和作用。

4.2 使用主体对购买主体的激励约束机制

政府购买公共服务中，主体间委托—代理关系特殊之处在于购买主体作为中间人不仅是下一层面委托—代理关系中的委托人，而且是上一层面委托—代理关系中的代理人，这就形成了一种新型的链式二重委托—代理关系。针对传统委托代理理论的不足，本书在传统委托—代理模型的基础上构建一种更加符合购买公共服务实际的链式二重委托—代理模型，借鉴赵宸元、蒲勇健、潘林伟（2017）[①] 的模型设计分析主体间的激励约束机制是如何发挥作用的。

① 赵宸元，蒲勇健，潘林伟．链式多重委托—代理关系的激励——基于完全理性与过程性公平偏好模型的比较［J］．中国管理科学，2017（6）：121－131．

4.2.1 理论分析与研究假设

(1) 理论分析。

链式二重委托—代理关系中的第一重委托—代理关系存在于使用主体和购买主体之间。依据公共产品理论，公共服务特别是具有非竞争性和非排他性的公共服务，应当主要由政府提供。理论上，购买主体依据使用主体对公共服务的需求，受使用主体委托确定所供给的公共服务的种类、数量和质量。在政府购买公共服务的博弈过程中，使用主体与购买主体之间的目标函数通常也会不一致，如购买主体受政绩考核等因素的影响可能会优先购买较易实现政绩目标的服务项目，而往往不符合使用主体最迫切需求的服务。

假设购买主体有两个选择，一方面是购买使用主体较为迫切的服务项目 A，另一方面是其他项目 B，假设购买主体的购买资金为 w，购买主体选择 A 所获得的收益为 U_1，使用主体获得 V_1 的收益；购买主体选择 B 所获得的收益为 U_2，使用主体获得 V_2 的收益，对于使用主体而言，购买较为迫切服务的收益比较大，即 $V_1 > V_2$，而对于购买主体来说较难取得政绩，因而收益 U_1 应该小于购买其他项目所获得的收益 U_2。因此，如果使用主体不采取一些激励措施，购买主体不会选择购买其迫切需要的服务。

在政府购买公共服务中，使用主体为了保障自身权益，必须对购买主体行为进行激励。当使用主体实施激励时，购买主体购买 A 服务项目，其增加的收益则为 R，使用主体增加的收益为 r，而使用主体实施的激励对购买 B 服务项目没有影响。购买主体和使用主体在各自行为下的收益如表 4－1 所示。显然，在表 4－1 中，使用主体如果确信购买 A 服务项目效用更大，就应该实施激励，则这个博弈的纳什均衡就是使用主体选择激励，购买主体选择购买 A 服务项目。

表 4－1　　使用主体和购买主体的行为收益

使用主体	购买主体	
	购买 A 服务项目	购买 B 服务项目
激励	$(V_1 + r, U_1 + R)$	(V_2, U_2)
不激励	(V_1, U_1)	(V_2, U_2)

（2）模型假设

第一，假定使用主体和作为委托方的购买主体是风险中性的，承接主体、评审主体和作为代理人的购买主体都是风险规避的。承接主体、评审主体和作为代理人的购买主体产出函数主要取决于自身的努力程度，他们在作为委托方的购买主体和使用主体的激励约束下，通过选择自己的努力水平来保证自身收益不小于预期的保留收益，并实现自身净收益的最大化。在这个过程中，作为委托方的购买主体和使用主体通过调整对代理人的激励约束水平来影响代理人所选择的努力程度，从而实现自身期望效用的最大化。购买主体作为链式二重委托—代理关系中的中间人，兼有委托人和代理人的身份，一方面作为委托人是风险中性的，另一方面作为代理人是风险规避的。

第二，将传统的双边委托—代理关系拓展为链式的多重委托—代理关系，即购买主体有委托人和代理人双重身份。构建符合如下条件的政府购买公共服务委托—代理结构，并称之为链式二重委托—代理。

其一，有购买主体、使用主体、承接主体和评审主体 4 个参与者；

其二，有使用主体这 1 个纯委托人和承接主体、评审主体 2 个纯代理人；

其三，有使用主体与购买主体、购买主体与承接主体和购买主体与评审主体 3 组委托—代理关系；

其四，4 个参与者中包括 1 个使用主体充当的纯委托人和 2 个由承接主体与评审主体组成纯代理人，有 1 个购买主体充当的中间委托—代理人，既是第一重委托—代理关系的代理人，又是第二重委托—代理关系的委托人。

第三，为了激励和约束代理人的行为，委托—代理关系中的作为委托人的购买主体和使用主体设计了分享最终收益的激励约束机制，将最终收益的与承接主体、评审主体和作为代理人的购买主体分享，分享的比例用 β 来测度，且限定范围为 $0 \leqslant \beta \leqslant 1$。

第四，假定承接主体、评审主体和作为代理人的购买主体的努力成本都是其自身努力程度的增函数，且成本函数的形式为 $c=\frac{1}{2}ba^2$，其中 a 是承接主体、评审主体和作为代理人的购买主体的努力程度，b 是数值大于 0 的努力成本系数。

第五，用 R 表示参与主体的最终收益水平，U 测度参与主体的效用，PP、M、PA 代表使用主体、购买主体、承接主体（评审主体）。

4.2.2 研究设计

基于购买主体在链式二重委托—代理关系中身份的特殊性，分别构造购买主体作为委托方和代理人的收益函数，从而分析出二重委托—代理关系下各参与主体之间收益分享的作用机制和内在机理。

（1）购买主体作为代理人时的收益分享模型。

在使用主体与购买主体的委托—代理关系中，作为纯委托人的使用主体是风险中性的，而作为代理人的购买主体却是风险规避的。由此，可以设中间人购买主体的产出函数为：

$$\pi_1 = a_1 + \theta \tag{4-1}$$

其中，a_1 代表了作为代理人的购买主体的努力程度，θ 表示服从以 0 为均值，以 σ^2 为方差的正态分布的随机变量，其期望值 a_1。

假定购买主体的预期收益为：

$$S_1 = \alpha + \beta_1 \pi_1 \tag{4-2}$$

如前所述，使用主体对作为代理人的购买主体实行收益分享的激励约束机制，其中 α 代表与购买主体努力程度无关的固定保留收入水平，β_1 是使用主体与作为代理人的购买主体收益分享的比例系数。

设定作为代理人的购买主体的努力成本为：

$$C_1 = \frac{1}{2} b a_1^2 \tag{4-3}$$

其中，b 是作为代理人的购买主体的努力成本系数，且 b 是大于 0。

因此，可以得出购买主体的预期净收益为：

$$N_1 = S_1 - C_1 = \alpha + \beta_1 (a_1 + \theta) - \frac{1}{2} b a_1^2 \tag{4-4}$$

相应地，对作为委托方的使用主体来说，风险中性假设决定了使用主体的效用等价于其期望的收入水平，即

$$U_{PP} = E\xi = E(\pi_1 - S_1) = -\alpha + (1 - \beta_1) a_1 \tag{4-5}$$

同样地，由于作为代理人的购买主体风险规避的前提假设，此时购买主体的效用可以数学表达为：

$$U_{M1}=\alpha+\beta_1 a_1-\frac{1}{2}ba_1^2-\frac{\rho\sigma^2\beta_1^2}{2} \tag{4-6}$$

其中$\frac{\rho\sigma^2\beta_1^2}{2}$表明了作为代理人的购买主体的风险贴水。

这时可以建立作为委托方的使用主体的效用最大化模型：

$$\max_{\alpha,\beta_1,\alpha_1} U_{PP}=-\alpha+(1-\beta_1 a_1)$$

$$IR: U_{M1}=\alpha+\beta_1 a_1-\frac{1}{2}ba_1^2-\frac{\rho\sigma^2\beta_1^2}{2}\geqslant X' \tag{4-7}$$

$$IC: U_{M1}^*=\max_{\alpha_1} U_{M1}$$

其中 X'为预期的最低效用水平，根据约束条件（IR）和激励条件（IC）可计算出：

$$a_1^*=\frac{\beta_1}{b},\beta_1^*=\frac{1}{1+b\rho\sigma^2}<1 \tag{4-8}$$

最终使用主体和购买主体分享到的实际收益：

$$R_{PP}^*=-X'+\frac{1}{2b(1+b\rho\sigma^2)}R_{M1}^*=X'+\frac{\rho\sigma^2}{2(1+b\rho\sigma^2)^2} \tag{4-9}$$

（2）购买主体作为委托人时的收益分享模型。

在购买主体与承接主体以及购买主体与评审主体的委托—代理关系中，作为委托方的购买主体为风险中性，承接主体和评审主体为风险规避。值得注意的是，承接主体与评审主体的情况具有一致性，因此本书将这两组委托—代理关系下的收益分享机制合并分析。假设承接主体（评审主体）只要付出 a_2程度的努力，就可以得到 π_2水平的产出，其产出函数为：

$$\pi_2=a_2+\theta \tag{4-10}$$

同样地 θ 是与努力程度无关的，服从以 0 为均值、以 σ_2为方差的正态分布的随机变量，期望值是a_2。

假定承接主体（评审主体）的预期收益为：

$$S_2=\alpha+\beta_2\pi_2 \tag{4-11}$$

其中，α 代表了承接主体（评审主体）与努力程度无关的固定保留收入部分，β_2 表示作为委托方的购买主体所设定的与其分享收益的比例。

承接主体（评审主体）的努力成本为：

$$C_2 = \frac{1}{2}ba_2^2 \tag{4-12}$$

其中b表示大于0的努力成本系数。

因此，承接主体（评审主体）的预期净收益为：

$$N_2 = S_2 - C_2 = \alpha + \beta_2(a_2 + \theta) - \frac{1}{2}ba_2^2 \tag{4-13}$$

对于作为委托方的购买主体来说，其效用水平等价于期望收入，即

$$U_{M2} = E(N'_1) = E(\pi_2 - S_2) = -\alpha + (1 - \beta_2)a_2 \tag{4-14}$$

同样，由于作为代理人的承接主体（评审主体）风险规避的前提假设，承接主体（评审主体）的效用公式为：

$$U_{PA} = \alpha + \beta_2 a_2 - \frac{1}{2}ba_2^2 - \frac{\rho\sigma^2\beta_2^2}{2} \tag{4-15}$$

其中$\frac{\rho\sigma^2\beta_2^2}{2}$为承接主体（评审主体）的风险贴水。

建立作为委托方的购买主体的效用最大化模型：

$$\max_{\alpha,\beta_2,a_2} U_{M2} = -\alpha + (1 - \beta_2)a_2$$

$$IR: U_{PA} = \alpha + \beta_2 a_2 - \frac{1}{2}ba_2^2 - \frac{\rho\sigma^2\beta_2^2}{2} \geqslant X' \tag{4-16}$$

$$IC: U_{PA}^* = \max_{a_2} U_{PA}$$

其中X′为代理人承接主体（评审主体）的预期最低收入效用，计算得出：

$$a_2^* = \frac{\beta_2}{b}, \beta_2^* = \frac{1}{1 + b\rho\sigma^2} < 1 \tag{4-17}$$

最终作为委托方的购买主体和代理人承接主体（评审主体）分享到的实际收益：

$$R_{M2}^* = -X' + \frac{1}{2b(1 + b\rho\sigma^2)} R_{PA}^* = X' + \frac{\rho\sigma^2}{2(1 + b\rho\sigma^2)^2} \tag{4-18}$$

综上，具有双重身份的购买主体实际总收益为二重委托—代理关系的收益之和：

$$R_M^* = R_{M1}^* + R_{M2}^* = X' + \frac{\rho\sigma^2}{2(1 + b\rho\sigma^2)^2} - X' + \frac{1}{2b(1 + b\rho\sigma^2)} = \frac{1 + 2b\rho\sigma^2}{2b(1 + b\rho\sigma^2)^2} \tag{4-19}$$

（3）模型结论与政策含义。

结论1：作为代理人的购买主体和承接主体（评审主体）的努力程度是收益分享比例的增函数，风险规避程度的减函数。

证明：由式子$a_1^* = \frac{\beta_1}{b}$，$a_2^* = \frac{\beta_2}{b}$，可得$\frac{\partial a_1^*}{\partial \beta_1} = \frac{\partial a_2^*}{\partial \beta_2} = \frac{1}{b} > 0$；

同时，因为$\beta_1^* = \beta_2^* = \frac{1}{1 + b\rho\sigma^2}$，所以$\frac{\partial \beta_1^*}{\partial \rho} = \frac{\partial \beta_2^*}{\partial \rho} = \frac{-b\sigma^2}{1 + b\rho\sigma^2} < 0$；

由式子$a_1^* = a_2^* = \frac{1}{(1 + b\rho\sigma^2)\ b}$，可得$\frac{\partial a_1^*}{\partial \rho} = \frac{\partial a_2^*}{\partial \rho} = \frac{-b\sigma^2}{(1 + b\rho\sigma^2)^2 b^2} < 0$。

这一结论阐述了主体之间的如下关系：

第一，使用主体与购买主体的委托—代理关系中，作为代理人的购买主体的努力程度与使用主体设置的收益分享比例呈现显著地正相关，而与自身的风险规避程度呈现显著地负相关。这意味着，从激励约束制度设计上，使用主体可以通过提高收益分享比例来激励购买主体的行为。但是这种激励选择的效果受到购买主体的风险规避程度制约，若风险规避程度足够大，则足以抵消掉使用主体加大收益分享比例引发的激励效应。

第二，购买主体与承接主体（评审主体）的委托—代理关系中，作为代理人的承接主体（评审主体）的努力程度与作为委托方的购买主体设置的收益分享比例呈现显著地正相关，而与自身的风险规避程度呈现显著地负相关。这意味着，从激励约束制度设计上，作为委托方的购买主体可以通过提高收益分享比例来激励承接主体（评审主体）的行为。但是这种激励选择的效果受到承接主体（评审主体）的风险规避程度制约，若风险规避程度足够大，则足以抵消掉购买主体加大收益分享比例产生的激励效应。

结论2：在使用主体与购买主体的委托—代理关系中，若作为委托方的使用主体将收益分享比例设定在$\beta_1^* \in \left[0,\ \frac{1}{1 + b\rho\sigma^2}\right)$的范围内时，使用主体的期望收益效用$R_{PP}^*$是收益分享比例系数$\beta_1^*$的增函数；当作为委托方的使用主体将收益分享比例设定在$\beta_1^* \in \left(\frac{1}{1 + b\rho\sigma^2},\ 1\right]$的范围内时，使用主体的期望收益效用$R_{PP}^*$是收益分享比例系数$\beta_1^*$的减函数。

证明：将R_{PP}^*对β_1^*求偏导，令$\frac{\partial R_{PP}^*}{\partial \beta_1^*} > 0$，计算出$\beta_1^* < \frac{1}{1 + b\rho\sigma^2}$。

又已知 $b\rho\sigma^2>0$，可得 $0<\frac{1}{1+b\rho\sigma^2}<1$，即证。

进一步，通过计算 $\frac{\partial \frac{1}{1+b\rho\sigma^2}}{\partial\rho}<0$，可以证明 $\frac{1}{1+b\rho\sigma^2}$ 与风险规避度 ρ 负相关。

这一结论揭示了主体间的如下关系：第一，在使用主体与购买主体的委托—代理关系中，使用主体对购买主体的分享比例系数有一个临界值 $\frac{1}{1+b\rho\sigma^2}$，小于这一临界值时，使用主体的效用与分享比例系数成正比，大于临界值时，使用主体的效用与分享比例系数则成反比。因此，使用主体收益分享比例的设定并非总是越高越好，而是一定临界值范围内的越高越好。

第二，使用主体设定的分享比例系数与购买主体的风险规避度 ρ 成反比。这意味着作为代理人的购买主体风险规避程度越高，使用主体通过调整收益分享比例来影响购买主体行为的余地越小。

结论 3：当设定的收益分享比例在 $\beta_2^*\in\left[0,\frac{1}{1+b\rho\sigma^2}\right)$ 范围内时，作为委托方的购买主体的期望收益 R_{M2}^* 是其设定的收益分享比例 β_2^* 的增函数；当设定的收益分享比例在 $\beta_2^*\in\left(\frac{1}{1+b\rho\sigma^2},1\right]$ 的范围内时，购买主体的期望收益 R_{M2}^* 是设定的收益分享比例 β_2^* 的减函数。

证明：将 R_{M2}^* 对 β_2^* 求偏导，令 $\frac{\partial R_{M2}^*}{\partial\beta_2^*}>0$，解得 $\beta_2^*<\frac{1}{1+b\rho\sigma^2}$。

又因为 $0<\frac{1}{1+b\rho\sigma^2}<1$，即证。

进一步可以得出 $\frac{\partial \frac{1}{1+b\rho\sigma^2}}{\partial\rho}<0$。

这一结论揭示了主体间的如下关系：第一，在购买主体与承接主体（评审主体）的委托—代理关系中，作为委托方的购买主体对承接主体（评审主体）设定的分享比例系数有一个临界值 $\frac{1}{1+b\rho\sigma^2}$，小于这一临界值时，购买主体的效用与分享比例系数成正比，大于临界值时，购买主体的效用与分享比例系数则成反比。因此，购买主体收益分享比例的设定并非总是越高越好，而是一定临界值范围内的越高越好。

第二，购买主体设定的分享比例系数与承接主体（评审主体）的风险规避度 ρ 成反比。这意味着作为代理人的承接主体（评审主体）风险规避程度越高，购买主体通过调整收益分享比例来影响承接主体（评审主体）行为的余地越小。因此，对于购买主体来说，同样情况下应该选择那些风险规避程度低的承接主体（评审主体），以取得较好的激励约束效应。

4.2.3 指标选取与数据来源

（1）被解释变量的指标选取和数据来源。

使用主体对购买主体的激励约束效应主要体现在购买主体如何对财政资源进行分配上，具体可以用基本公共服务支出的比重来测算。购买主体在安排财政支出时，是侧重于基本公共服务支出还是倾向于其他支出，反映出购买主体对财政资源进行分配的思路。本书借鉴中国（海南）改革发展研究院课题组（2009）的做法，将基本公共服务限定为社会保障、医疗卫生和教育等与社会公众生活密切相关的三类服务，选取 31 个省、直辖市、自治区预算内社会保障支出、医疗卫生支出和教育支出等三项财政支出求和，用来衡量购买主体在基本公共服务方面的投入水平[①]。本书使用 2007[②] ~2015 年 31 个省、直辖市、自治区基本公共服务投入的数据，数据全部来源于 2007 ~2015 年中国教育经费统计年鉴、中国财政年鉴和中国统计年鉴。

（2）主要解释变量的指标选取与数据来源。

本书使用预算软约束指标来衡量使用主体对购买主体的激励约束水平。财政预算软约束的概念源自企业预算软约束，其原意为在社会主义经济体制下，会通过对向国有企业增加银行贷款、追加公共投资、减税或给予财政补贴方式消除国有企业亏损，以致市场扭曲，影响资源配置的有效性[③]。预算软约束概念被引入政府预算管理之后，其含义引申为“社会公众由于缺乏有

---

① 依据吕炜，王伟同（2010）的文献，这里没有使用预算外支出数据，其原因主要有两个：一是无法获得各地区详尽的预算外支出数据；二是各地区的预算外支出主要用于非服务性项目的支出，对于改善民生服务的作用较小。

② 从 2007 年开始，国家财政支出的统计口径出现很大调整，与历年数据不具可比性。

③ 林毅夫，刘明兴，章奇．政策性负担与企业的预算软约束：来自中国的实证研究［J］．管理世界，2004（8）：81 -89.

效的制度约束和公开透明的民主监督机制，无法通过合法合理渠道得知和控制财政资源”①。也就是说，现有的预算约束机制不能有效约束政府支出规模和支出方向，政府在公共资源领域拥有绝对的裁量权。因此，财政预算软约束指数可以反映使用主体对购买主体的监管水平。

本书借鉴陈志勇（2014）的做法，地方政府财政预算软约束指数使用财政扩张指数 BFI 表示。在剔除经济波动影响的基础上，这一指数将主要考虑导致财政部门收入和支出发生变化的因素，解释净赤字的动态变化趋势及产生原因，并据此来合理测度和量化地方政府财政赤字的大小，从而得出财政预算软约束的近似程度。具体思路是：理论上财政收支等经济变量相对于经济变化应该存在相对静止的平衡关系，假使宏观经济以一个相对稳定的速度持续增长，那么财政收支也应该保持在一个对应的相对稳定水平，每一个确定的经济水平，都应该对应一个相对稳定的财政赤字水平。对经济周期进行调整后，财政净支出超出了理论上既定的财政赤字率部分，就是地方政府超额支出所带来的财政预算软约束。

BFI 指数在具体的测度模型中，将地方财政支出占 GDP 的比重与相关时间趋势项、国内经济增长率进行线性回归，其回归计算公式是：

$$\begin{aligned}\text{Expend}_t &= \alpha_0 + \alpha_1 \text{Trend}_1 + \alpha_2 \text{Growth}_t + \alpha_3 \text{Growth}_t * \text{Trend}_1 + \varepsilon_t \text{Expend}_t(\text{Growth}_{t-1}) \\ &= \widehat{\alpha}_0 + \widehat{\alpha}_1 \text{Trend}_1 + \widehat{\alpha}_2 \text{Growth}_{t-1} + \widehat{\alpha}_3 \text{Growth}_t * \text{Trend}_1 + \varepsilon_t \qquad (4-20)\end{aligned}$$

$$\text{BFI} = (\text{Expend}_t(\text{growth}_{t-1}) - \text{revenue}_t) - (\text{Expend}_{t-1} - \text{revenue}_{t-1}) \qquad (4-21)$$

其中，Expend 是当年地方政府财政支出占当年当地 GDP 的比重，Growth 表示经济增长率，Revenue 代表当年地方财政收入占当年当地 GDP 的比重。鉴于经济的周期性变化会产生趋势性的影响，本书把模型分别纳入两个阶段即 1994 ~ 1999 年和 2000 ~ 2015 年②的时间趋势项，1994 ~ 1999 年虚拟变量 $\text{Trend}_1 = 0$，2000 ~ 2015 年 $\text{Trend}_1 = 1$。其中 α_i 表示式（4 - 20）的估算系数。

① 郑华．预算软约束视角下地方政府过度负债偏好的制度成因分析［J］．财政研究，2011（1）：48 - 51.

② 一般认为 1999 年是经济周期下行和经济周期企稳的分界点，年后经济软着陆时期积蓄的地方投资冲动被释放，整体经济形势开始逆转。在指数的计算中，一般认为政府具有税收收入规模和税率的自主决定权。虽然中国地方政府不具备税率的自主决策权，但仍可以依靠税收减免和优惠等方式决定辖区的实际税率；同时对于绝大部分的非税收入，地方政府自由裁量权较大。

1994～1999 年的回归计算公式是：

$$Expend_t(Growth_{t-1}) = \widehat{\alpha}_0 + \widehat{\alpha}_2 Growth_{t-1} + \widehat{\varepsilon}_t \quad (4-22)$$

$$BFI = (Expend_t(growth_{t-1}) - revenue_t) - (Expend_{t-1} - revenue_{t-1}) \quad (4-23)$$

2000～2015 年的回归计算公式是：

$$Expend_t(Growth_{t-1}) = (\widehat{\alpha}_0 + \widehat{\alpha}_1) + \widehat{\alpha}_2 Growth_t + \widehat{\alpha}_3 Growth_{t-1} + \widehat{\varepsilon}_t \quad (4-24)$$

$$BFI = (Expend_t(growth_{t-1}) - revenue_t) - (Expend_{t-1} - revenue_{t-1}) \quad (4-25)$$

通过对我国 31 个省、自治区和直辖市 1994～2015 年的数据整理，得出各省 BFI 指数的时间序列，如图 4－1 所示。

借鉴 Alberto & Roberto（1997a）确立的准则，测度我国 31 个地区的财政预算约束程度，划分标准如表 4－2 所示。在测度标准上，本书借鉴陈志勇（2017）的研究结论，将 BFI 指数超过 1.5%（即过度扩张）的地区视为出现了财政预算软约束。

表 4－2　　财政预算约束程度的判断依据

BFI 指数	财政预算程度	财政预算软约束
(－0.5%，0.5%)	中性	否
(0.5%，1.5%)	适度扩张	否
(1.5%，＋)	过度扩张	是
(－1.5%，－0.5%)	适度紧缩	否
(－，－1.5%)	过度紧缩	否

我国 1994～2015 年各地区财政预算出现软约束期数及相对期数占比①（见图 4－2）。若以财政预算软约束指数 BFI 超过 1.5% 来衡量政府财政过度扩张，图中柱形图和折线分别表示在不区分预算内外财政收支的情况下，财政预算软约束出现的期数和期数所占比例。

（3）控制变量的指标选取及数据来源。

尽管国内学者对于基本公共服务支出规模和比重是由哪些因素影响和制

① 重庆市因 1997 年改设直辖市，期数为 19.

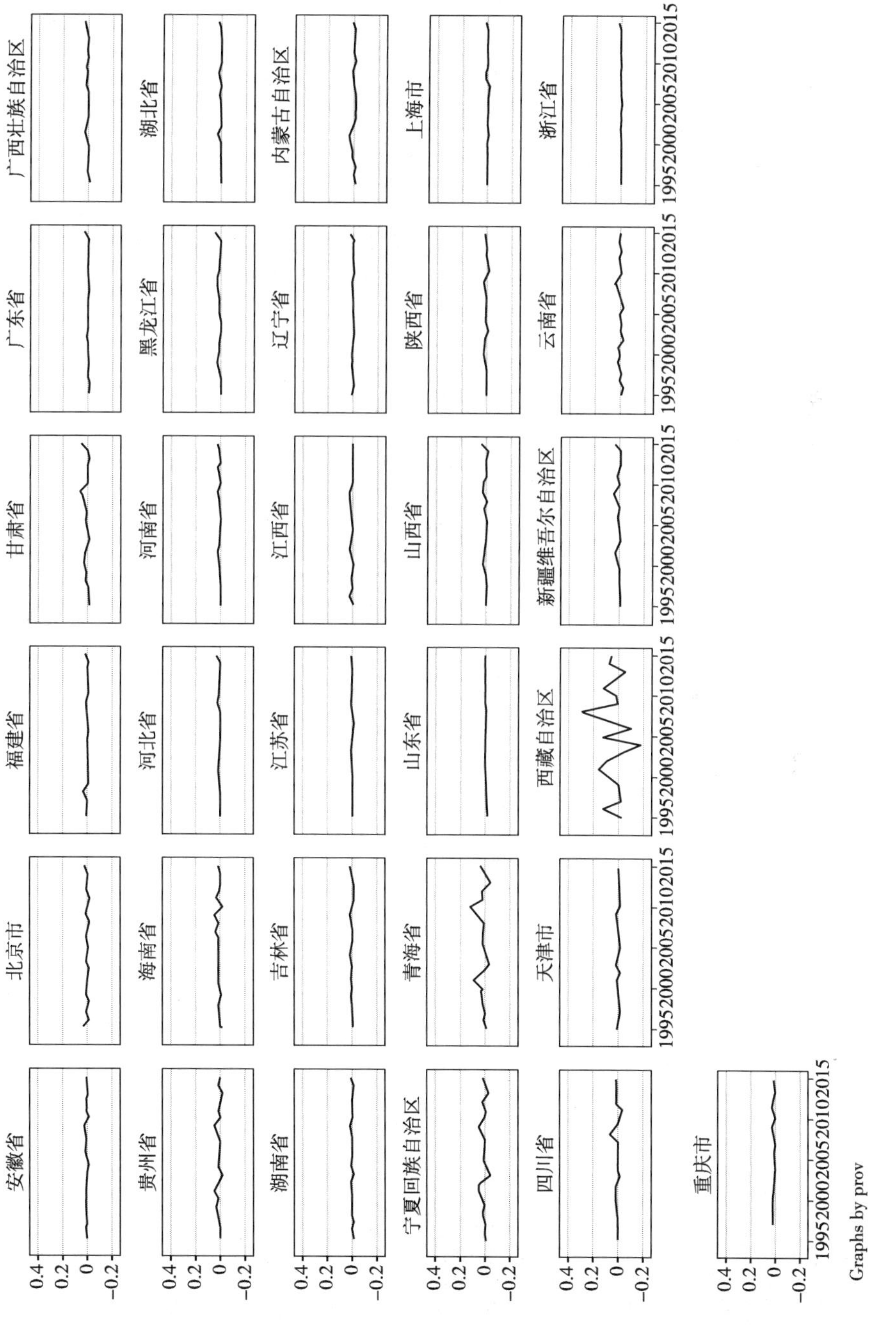

图 4-1　各省区市 BFI 指数的时间序列

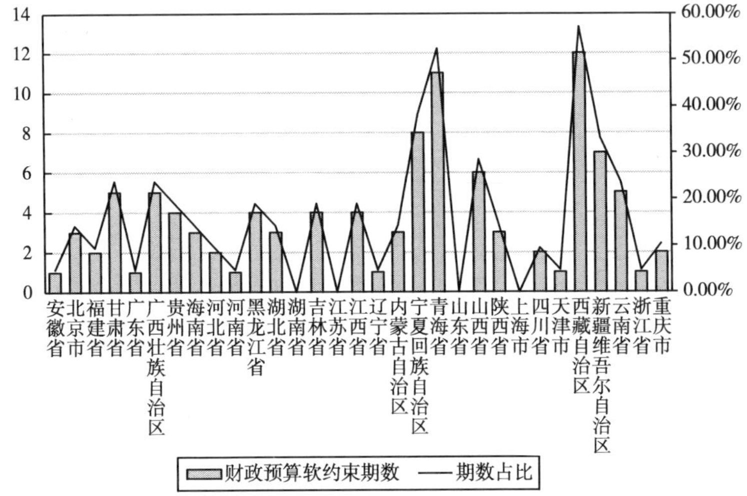

图 4-2 我国 1994~2015 年各省财政预算软约束的期数及占比

约还存在分歧，但都承认政治、财政和教育等方面的因素会对其施加影响。本书主要考虑以下变量对基本公共服务支出比重的影响：

第一，地方政府的财政自主权。这里的财政自主权主要是指地方政府财政不依靠中央政府的转移支付而自给自足的能力。不同地区因经济社会发展的历史背景和现实因素不同，经济发展水平差异较大，地方政府财政收入规模也相应地存在较大差异。发达地区相对较易获得财政资源，对中央政府转移支付的依赖较小，从而具有较高的财政自主权，而欠发达地区则更加依赖中央政府的转移支付，财政自主权相对较低。本书借鉴陶然等（2007）研究，用（地方增值税 + 地方企业所得税 + 地方个人所得税 + 地方资源税）/财政支出来刻画地方财政自主权。

第二，居民受教育程度。居民受教育程度可以反映本地区的社会公众参政议政的能力大小，即对地方政府行为的监督能力大小。本书中的居民受教育程度采用 6 岁及以上人口中高中及大专以上人口所占比例来度量。

第三，人均国内生产总值（GDP）。人均国内生产总值是衡量地区经济社会发展状况的重要指标，可以反映出财政支出的经济基础。为了剔除掉价格因素的影响，本书将人均 GDP 调整成 2010 年不变价。

第四，人口密度。地区人口密度可以反映本地区受益于基本公共服务支出的社会公众规模。本书采用每平方公里人口数来衡量人口密度。

4.2.4　实证分析

根据 BFI 指数的测算结果，设置一个虚拟变量，出现预算软约束的年份为 1，没有出现的为 0。用地方财政基本服务类支出占总财政支出比例的增长率对该虚拟变量进行回归，在控制了省份和年份的固定效应后，回归结果（表 4-3）表明，两者之间呈现出显著的负相关关系，回归系数为 -0.0594，其稳健标准误为 0.0171。这表明在出现预算软约束的年份，平均意义上基本服务类支出比例增长率要比没有预算软约束的年份显著的降低 0.0594。实证分析的结果表明，使用主体对购买主体的激励约束水平较低的时候，购买主体倾向于减少与使用主体利益密切相关的基本服务类支出。

表 4-3　　被解释变量为增长率时的回归结果分析

解释变量	模型 1	模型 2	模型 3	模型 4	模型 5	模型 6	模型 7
预算软约束	-0.0614***	-0.0794***	-0.0654***	-0.0607***	-0.0596***	-0.0594***	-0.0594***
	(0.0132)	(0.0146)	(0.0174)	(0.0160)	(0.0161)	(0.0162)	(0.0171)
财政自主权				0.678	0.642	0.641	0.631
				(0.5480)	(0.6330)	(0.6490)	(0.6340)
人均 GDP					0.0226	0.042	0.0113
					(0.0905)	(0.0995)	(0.0993)
人口密度						0.155	0.0922
						(0.2060)	(0.1870)
居民受教育程度							-0.214
							(0.1320)
地区固定效应	否	是	是	是	是	是	是
时间固定效应	否	否	是	是	是	是	是
常数项	-0.0685***	-0.0647***	-0.0791***	-0.194*	-0.409	0.0267	0.104
	(0.0045)	(0.0031)	(0.0125)	(0.0959)	(0.8100)	(0.9710)	(0.9740)
观测值	248	248	248	240	240	240	240
R 平方		0.125	0.444	0.465	0.465	0.466	0.474
F 统计量	.	29.65	15.15	13.39	13.01	15.6	13.99

注：***，**，*分别表示在 1%，5% 和 10% 水平上显著，括号中为稳健标准误。

根据BFI指数的测算结果，设置一个虚拟变量，出现预算软约束的年份为1，没有出现的为0。用地方财政基本服务类支出占总财政支出比重的对数对该虚拟变量进行回归，在控制了省份和年份的固定效应后，回归结果（表4-4）表明，两者之间呈现出显著的负相关关系，回归系数为-0.0404，其稳健标准误为0.0200。这表明在出现预算软约束的年份，平均意义上基本服务类支出比重的对数比没有预算软约束的年份显著的降低0.0404。实证分析的结果同样表明，使用主体对购买主体的激励约束水平较低的时候，购买主体倾向于减少与使用主体利益密切相关的基本服务类支出。

表4-4　　被解释变量取对数时的回归结果分析

解释变量	模型1	模型2	模型3	模型4	模型5	模型6	模型7
预算软约束	-0.0132 (0.0375)	-0.0237 (0.0382)	-0.0510*** (0.0161)	-0.0463** (0.0179)	-0.0412** (0.0185)	-0.0413** (0.0187)	-0.0404* (0.0200)
财政自主权				0.998 (0.6880)	0.85 (0.5670)	0.853 (0.5590)	0.817 (0.5380)
人均GDP					0.106 (0.0787)	0.0967 (0.0997)	0.0604 (0.0973)
人口密度						-0.0639 (0.3440)	-0.135 (0.2860)
居民受教育程度							-0.361* (0.1960)
地区固定效应	否	是	是	是	是	是	是
时间固定效应	否	否	是	是	是	是	是
常数项	-2.180*** (0.0372)	-2.178*** (0.0080)	-1.786*** (0.0205)	-1.940*** (0.1250)	-2.919*** (0.7990)	-3.092*** (1.0900)	-2.976*** (1.0710)
观测值	279	279	279	270	270	270	270
R平方		0.001	0.868	0.872	0.874	0.874	0.876
F统计量	.	0.383	172.7	150.5	134	125.8	104.4

注：***，**，*分别表示在1%，5%和10%水平上显著，括号中为稳健标准误。

回归结果揭示了两个方面的含义：一是BFI指数可以测算出使用主体对购买主体的激励约束水平。BFI指数越高，说明使用主体对购买主体的激励约束水平越低。二是使用主体对购买主体的激励约束水平会影响购买主体的财政支出结构。当使用主体对购买主体的激励约束水平较低时，购买主体倾向于减少对教育、医疗卫生和社会保障等基本公共服务的支出。因此，购买主体可以通过调整对购买主体的激励约束水平来影响购买主体的财政支出结构。

4.3　购买主体对承接主体（评审主体）的激励约束机制

政府购买公共服务的主体间存在传统的双边委托—代理关系，即购买主体和承接主体之间的委托—代理关系、购买主体和评审主体之间的委托—代理关系。这些双边委托代理关系，由传统委托代理关系中的单一委托人、单一代理人、单一事务的双边委托—代理关系和发展为单一委托人、多个代理人、单一事务的多代理人委托—代理关系。

4.3.1　理论分析与研究假设

在委托—代理关系框架下，购买主体与承接主体以及购买主体与评审主体之间展开三阶段的博弈。博弈过程中，购买主体可以通过设计激励因子的数值来影响承接主体、评审主体的行为。

（1）理论分析。

第一，购买主体和承接主体之间的委托—代理关系。购买主体在明确购买公共服务范围、数量和质量等指标的基础上，以政府购买的形式，通过一定机制择优选择承接主体进行生产。承接主体因此受购买主体的委托生产相应数量和质量的公共服务。在购买主体和承接主体的委托—代理关系中，两者的目标函数可能存在不一致性。承接主体在承接公共服务生产中，可能盲目追求成本效益最大化却降低了提供服务的质量和效率，违背了购买主体委托生产的初衷。

首先，购买主体和使用主体进行第一阶段的博弈，购买主体选择自己生产并直接提供公共服务，这时双方没有达成购买协议，各自收入均为 0；其次，购买主体和承接主体进入第二阶段的博弈，这时购买主体选择通过承接主体购买服务来提供公共服务。承接主体面临两个选择，一是选择不承接公共服务的生产，双方仍然没有达成购买协议，各自的收入为0；二是选择承接公共服务的生产，则进入第三阶段的博弈。最后，购买主体和承接主体进行第三阶段的博弈，承接主体需要就其生产服务的质量做出选择，双方博弈过程如图4－3所示。当承接主体选择提供高质量的服务时，购买主体和承接主体的收入分别是 $aU_0 - C$ 和 $w + r$；当承接主体选择提供低质量的服务时，购买主体和承接主体的收入分别是 $U_0 - C$ 和 w。①

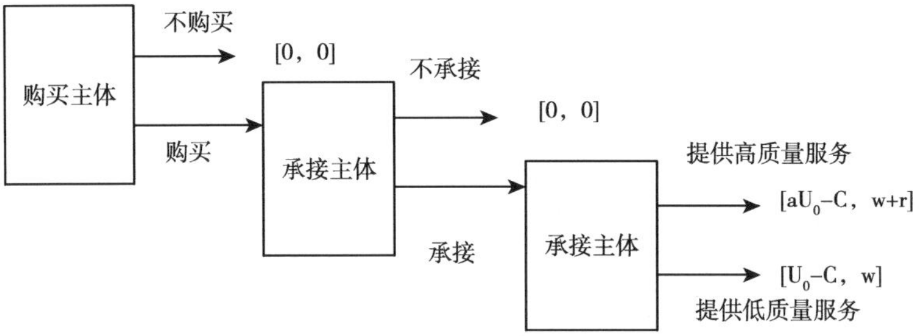

图4－3 购买主体与承接主体的博弈

在博弈过程中，购买主体为了能使承接主体承接服务时提高公共服务供给质量，需要设计一个激励因子r，只有当承接主体提供高质量服务的收益比提供低质量服务时大，承接主体才会选择提高服务质量；假设承接主体的生产公共服务的成本为e，当 $r > e$ 时，承接主体倾向于提供高质量服务，当 $r < e$ 时，承接主体倾向提供低质量服务。由此可见，激励因子r的大小是影响公共服务供给质量、政府购买公共服务实施效果的关键因素。

第二，购买主体和评审主体之间的委托—代理关系。购买主体委托评审主体对政府购买公共服务全程进行评估，并据此评判购买主体购买决策效果、对承接主体进行绩效评价，从而达到提高财政资金使用效率、完善公共服务供给的目的。在购买主体和评审主体的委托—代理关系中，两者的目标函数可能存在不一致性。评审主体在评审公共服务中，可能盲目追求成本效益最大化却降低了评审服务的质量和效率，违背了购买主体委托评审的初衷。

① 其中C表示购买主体的机会成本，即购买主体选择其他项目的所得，一般指社会平均收益；U_0表示购买主体选择合作，承接主体选择承接时候，购买主体所能获得的收入；W表示承接主体在提供低质量服务的时候所获得的报酬；r为激励因子；a为承接主体提供高质量服务时购买主体的收入乘数，通常a大于1。

首先，购买主体和评审主体进行第一阶段的博弈，购买主体选择自己评审公共服务，这时双方没有达成购买协议，各自收入均为 0。其次，购买主体和评审主体进入第二阶段的博弈，这时购买主体选择委托评审主体评审服务。评审主体面临两个选择，一是选择不承接公共服务的评审，双方仍然没有达成购买协议，各自的收入为 0；二是选择承接公共服务的评审，则进入第三阶段的博弈。最后，购买主体和评审主体进行第三阶段的博弈，评审主体需要就其评审服务的质量做出选择，双方博弈过程如图 4－4 所示。当评审主体选择提供高质量的评审时，购买主体和评审主体的收入分别是 aU_0-C 和 $w+r$；当评审主体选择提供低质量的评审时，购买主体和评审主体的收入分别是 U_0-C 和 w。[①]

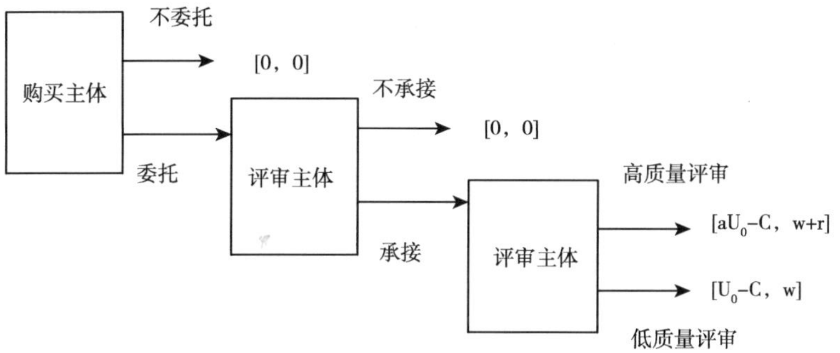

图 4－4　购买主体与评审主体的博弈

在上述博弈过程中，购买主体为了能使评审主体承接服务时提高公共服务供给质量，需要设计一个激励因子 r，只有当评审主体提供高质量评审的收益比提供低质量评审时大，评审主体才会选择提高评审质量；假设评审主体评审的成本为 e，当 $r>e$ 时，评审主体倾向于提供高质量评审，当 $r<e$ 时，承接主体倾向提供低质量评审。由此可见，激励因子 r 的大小是影响公共服务评审质量、政府购买公共服务实施效果的关键因素。

由上述理论分析可以看出，购买主体对承接主体和评审主体的激励约束机制具有相同的微观作用机理，因此在后续的激励约束机制设计与验证中，将两者合并进行研究分析。

---

① 其中 C 表示购买主体的机会成本，即购买主体选择其他项目的所得，一般指社会平均收益；U_0 表示购买主体选择合作，承接主体选择承接时候，购买主体所能获得的收入；W 表示承接主体在提供低质量服务的时候所获得的报酬；r 为激励因子；a 为承接主体提供高质量服务时购买主体的收入乘数，通常 a 大于 1。

（2）研究假设。

在委托—代理理论的指导下，基于主体间委托—代理关系可以设计出委托方对代理人最优激励约束水平。借鉴徐兰、方志耕、李晓萍（2016）[①] 的文献，为了构建双边委托—代理关系中购买主体与承接主体（评审主体）的博弈模型，本书做以下假设：

第一，作为代理人的承接主体（评审主体）是风险中性的。购买主体对承接主体（评审主体）的履约行为给予奖励 V；对承接主体（评审主体）的违约行为处以 C 的惩罚，并与其解除合约，但会支付一笔固定的保底收益 V_0，假定其违约行为会带来额外收益为 V_e。命名承接主体（评审主体）履约生产（评审）服务行为为 M 事件。

第二，假定购买主体发现承接主体（评审主体）的违约行为存在两种可能：一是购买主体的监督体系发挥作用发现违约，命名为 N 事件。如果 N 事件发生的概率为 $1-P_1$，则不发生的概率为 P_1，其中 P_1 的大小由购买主体的激励约束水平决定；二是承接主体（评审主体）违约行为产生消极后果而被发现，命名为 O 事件，如果 O 发生的概率为 $1-P_2$，则不发生的概率为 P_2，其中 P_2 的大小与承接主体（评审主体）违约程度负相关。

4.3.2 研究设计

通过一个三阶段不完全信息博弈树可以描述博弈的具体阶段，如图 4-5 所示。第一，购买主体与承接主体（评审主体）进入第一阶段的博弈。承接主体（评审主体）面临两个选择，一是选择不违约，则承接主体（评审主体）将得到购买主体给予的收益 V；二是选择违约，则博弈进入第二阶段。第二，购买主体与承接主体（评审主体）进入第二阶段的博弈。这时购买主体的激励约束水平已知，承接主体（评审主体）违约被购买主体的监管体系发现的概率为 $1-P_1$，承接主体（评审主体）可以获得的收益是 V_0-C，博弈到此结束。否则进入第三阶段博弈。第三，购买主体与承接主体（评审主体）进入第三阶段的博弈。承接主体（评审主体）面临两种情况：一是承接主体（评审主体）的违约行为产生不良后果且责任明确，承接主体（评审主

① 徐兰，方志耕，李晓萍．基于最优监督分析的政府购买公共服务质量监控研究［J］．江苏科技大学学报（自然科学版），2016（2）：172-176.

体）获得的收益是 $V_0 - C$；二是承接主体（评审主体）的违约行为没有产生不良后果或是责任不明确，则承接主体（评审主体）获得的收益是 $V + V_e$。

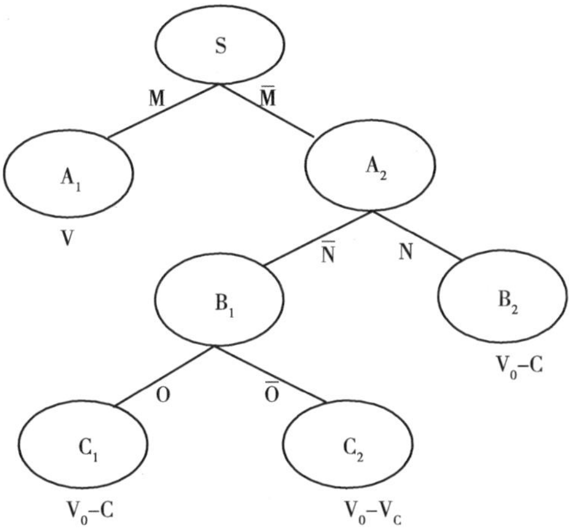

图4-5　三阶段不完全信息博弈树

承接主体（评审主体）采取违约行为时的期望收益为：

$$E(\bar{M}) = (1 - P_1)(V_0 - C) + P_1[(1 - P_2)(V_0 - C) + P_2(V + V_e)] \tag{4-26}$$

为了鼓励承接主体（评审主体）自觉履行合约，则需界定履约的期望收益大于或等于违约时的期望收益，因此有：

$$V \geqslant (1 - P_1)(V_0 - C) + P_1[(1 - P_2)(V_0 - C) + P_2(V + V_e)]$$

$$V \geqslant (V_0 - C)(1 - P_1P_2) + (V + V_e)P_1P_2 \tag{4-27}$$

两边同除以 $1 - P_1P_2$，得：

$$V \geqslant V_0 - C + \frac{VP_1P_2}{1 - P_1P_2} + \frac{V_eP_1P_2}{1 - P_1P_2}$$

$$V \geqslant V_0 - C + \frac{P_1P_2}{1 - P_1P_2}V_e \tag{4-28}$$

从式（4-28）可以看出，补贴给承接主体（评审主体）的保底费用 V_0 和承接主体（评审主体）违约所获得的额外收益 V_e 越高，则承接主体（评审主体）违约的可能性越大；同时，当购买主体发现承接主体（评审主体）的违约行为时，惩罚力度 C 如果不够大，也会促使承接主体（评审主体）违约行为的发生。

由于承接主体（评审主体）违约行为被发现的概率 $(1-P_1)$ 由购买主体对其的激励约束水平决定，因此理论上购买主体可以通过确定 P_1 的水平来确定对承接主体（评审主体）的最优激励约束水平。首先令：

$$\lambda=\frac{P_1P_2}{1-P_1P_2}V_e,$$

则有：

$$\frac{\partial\lambda}{\partial P_1}=\frac{P_2}{(1-P_1P_2)^2}V_e>0 \qquad (4-29)$$

由式（4－29）可知，λ 是关于 P_1 的增函数，即购买主体对其激励约束水平较低时，承接主体（评审主体）违约的概率越大；特别地，当 P_1 值为 0 时承接主体（评审主体）违约的概率也为 0。事实上 P_1 的数值降低，意味着购买主体构建激励约束机制的成本越高。购买主体的激励约束水平用 $\xi=1-P_1$ 来表示，则 ξ 越大，意味着购买主体的激励约束机制越完善，监管成本也相应越高。

假设购买主体构建激励约束机制的成本函数为 $C(\xi)$，$\frac{\partial C}{\partial\xi}>0$，$\frac{\partial^2 C}{\partial^2\xi}<0$，即 $C(\xi)$ 是关于 ξ 的增函数，$C(\xi)$ 的边际成本是关于 ξ 的减函数。购买主体构建激励约束机制时期望支付费用是：

$$\begin{aligned}f_W(\xi)&=(V+C(\xi))P_1+(V_0+C(\xi)-C)(1-P_1)\\&=(V+C(\xi))(1-\xi)+(V_0+C(\xi)-C)\xi\end{aligned} \qquad (4-30)$$

此时，承接主体（评审主体）违约的期望收益为

$$\begin{aligned}f_S(\xi)&=(1-P_1)(V_0-C)+P_1[(1-P_2)(V_0-C)+P_2(V+V_e)]\\&=\xi(V_0-C)+(1-\xi)[(1-P_2)(V_0-C)+P_2(V+V_e)]\end{aligned} \qquad (4-31)$$

由式（4－30）和式（4－31）可知，若令 $f_W(\xi)>f_S(\xi)$，则此时承接主体（评审主体）违约的收益相对较低，而拒绝违约行为，但购买主体因构建激励约束机制成本太高，而难以负担。若令 $f_W(\xi)<f_S(\xi)$，则此时承接主体（评审主体）违约的收益相对较高，而选择违约行为，但购买主体因构建激励约束机制成本较低，激励约束水平较低而难以形成对承接主体（评审主体）的有效监督。因此即令 $f_W(\xi)=f_S(\xi)$，则得到 $\xi=\xi*$ 为最优的激励约束水平。

由此可见，传统双边委托—代理关系中存在一个最优的激励约束水平。为了有效化解冲突，减少冲突中产生的效益损失，购买主体通过制度设计使利益主体处于激励和约束框架下。这就需要对政府购买公共服务的主体行为进行研究，研究在利益冲突和信息不对称的环境下，购买主体如何设计最优契约激励约束承接主体（评审主体）。

4.3.3 实证分析

实践中 DY 市政府向该市环卫企业购买服务实施城乡环卫一体化工程。DY 市政府规定，如果在政府购买环卫服务过程中，环卫企业履约提供服务，则拨付全额 60 万元的合同款项；环卫企业发生违约行为并被发现且责任明确，则仅拨付 40 万元的合同款项，并对其处以 2 万元的罚款。若该环卫企业的违规行为未被发现或责任不明确，则可以获得 4 万元的额外收益。假设环卫企业违约未出现不良后果而被投诉的概率为 0.3（即 $P_2=0.3$），DY 市政府构建激励约束机制的成本为 $C(\xi)$。已知 $\frac{\partial C}{\partial \xi}>0$，$\frac{\partial^2 C}{\partial^2 \xi}<0$，令 $C(\xi)=-\frac{M}{2}(1-\xi)^2$，可得，$M=40$。

则依据式（4-30）和式（4-31）可以计算出 DY 市政府的最优激励约束水平 ξ^*。

$$\begin{aligned} f_W(\xi) &= (V+C(\xi))P_1+(V_0+C(\xi)-C)(1-P_1) \\ &= (V+C(\xi))(1-\xi)+(V_0+C(\xi)-C)\xi \\ &= -20\xi^2+18\xi+40 \end{aligned} \quad (4-32)$$

$$\begin{aligned} f_S(\xi) &= (1-P_1)(V_0-C)+P_1[(1-P_2)(V_0-C)+P_2(V+V_e)] \\ &= \xi(V_0-C)+(1-\xi)[(1-P_2)(V_0-C)+P_2(V+V_e)] \\ &= -7.8\xi+45.8 \end{aligned} \quad (4-33)$$

f_w 和 f_S 的相交点（0.29，43.54）为最优点，最优激励约束水平为 0.29（见图 4-6）。

图 4-7 和图 4-8 分别显示了在不同惩罚力度和不同合同保底资金的情况下，DY 市政府对环卫企业的最优激励约束水平。图 4-7 中三个交点分别代表了惩罚力度为 2 万元、3 万元、4 万元时的最优激励约束水平 ξ^*，ξ_1，ξ_2。显然，DY 市政府对环卫企业的最优激励约束水平随惩罚力度的加大而减小。图 4-8 中三个交点分别表示保底合同资金为 40 万元、38 万元、36 万元

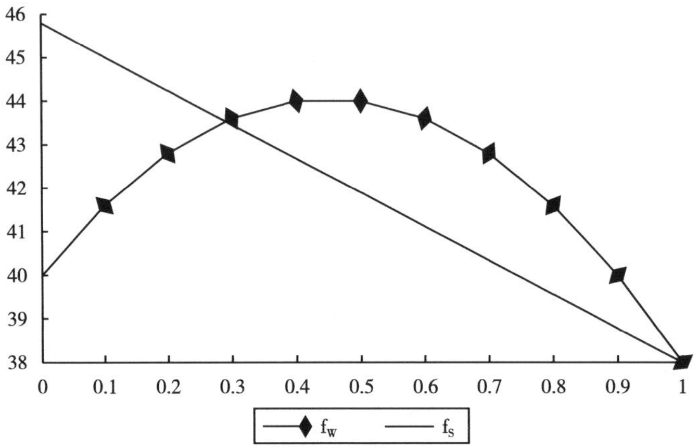

图 4－6　购买主体对承接主体（评审主体）的最优激励约束水平

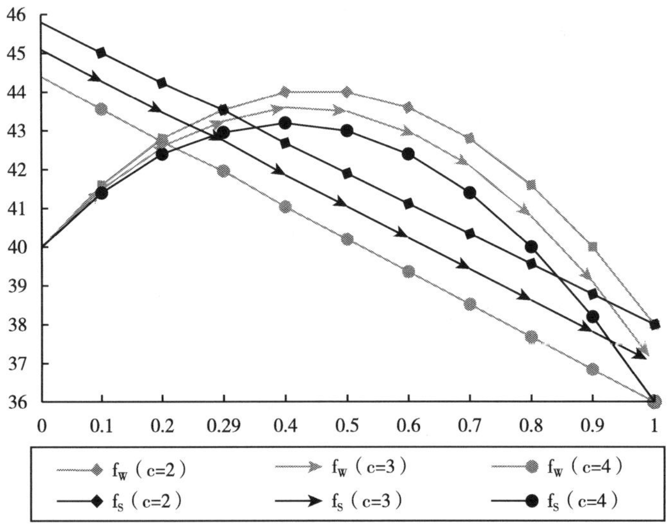

图 4－7　不同惩罚力度下的最优激励约束水平

时的最优激励约束水平 ξ^*，ξ_3，ξ_4，显然，DY 市政府对环卫企业的最优激励约束水平随保留合同资金的减少而降低。

传统双边委托—代理关系下，购买主体可以构建一个激励约束机制实现对承接主体（评审主体）的最优激励约束水平，具体包含两个方面的内容：

（1）确定购买主体对承接主体（评审主体）的惩罚力度。购买主体对承接主体（评审主体）的最优激励约束水平随惩罚力度的加大而减小。购买主体可以通过加大对承接主体（评审主体）的惩罚力度，减少其违约行为的发生，降低构建激励约束机制的成本。

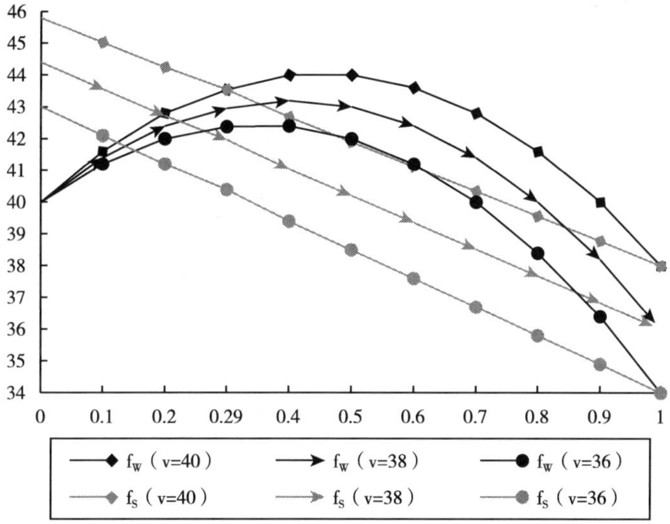

图 4－8　不同保留补贴的最优激励约束水平

（2）规定购买主体对承接主体（评审主体）的保留合同资金。购买主体对承接主体（评审主体）的最优激励约束水平随保留合同资金的减少而降低。购买主体可以通过适当减扣保留合同资金，减少其违约行为的发生，从而降低监督成本。

第5章　政府购买公共服务主体行为的现实考察

政府购买公共服务不同主体行为的内在动因直接决定了主体行为的表现和规范程度，对主体行为实践历程的考察可以为进一步规范主体行为提供可靠的现实依据。由此，主体行为的研究需要对不同主体行为的内在动因和实践成效进行探析。

5.1　政府购买公共服务主体行为的内在动因

政府购买公共服务的四元主体参与购买服务活动存在着不同的实施动因，厘清这些内在动因是理解主体行为的内在逻辑，探寻主体行为发展变化规律与进一步规范主体行为的基本前提。

5.1.1　购买主体行为的内在动因

购买主体是政府购买公共服务的主导者和发起者，在宏观层面，购买主体在推进政府购买公共服务进程处于主导地位；在微观层面，购买主体与其他主体分工履责、协同实施政府购买公共服务。购买主体主要基于以下两个方面的动因参与和推进政府购买公共服务：

第一，缓解财政资金压力。如图5－1所示，财政收支规模自1994年分税制改革以来持续增长，财政收入规模由1994年的10.8%上升到2015年的22.5%，财政支出规模由1994年的12%增长到26%。这反映了政府配置资源的规模和范围持续扩大；同时，由于财政支出的增长速度快于财政收入的增长速度，财政赤字率也随之增加，由1994年的1.1%扩大为2015年的

3.5%。财政收支缺口的进一步扩大客观上要求政府部门提高财政资金的使用效率，在财政资金有限的前提下提供尽可能多的公共服务。

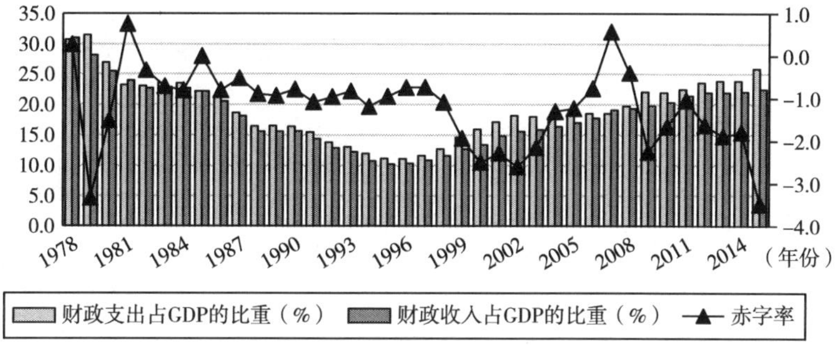

图5-1　我国财政收支相对规模

资料来源：依据《2016年中国统计年鉴》整理而得。

公共服务涉及面广、种类繁多且与社会公众的生活密切相关，需要不同的社会力量通过大量细致的事务性工作去承接各种不同的服务。在原有的政府生产并直接提供公共服务模式下，政府通过负担大量的单位运转及供养人员来提供公共服务。这一供给模式增加了政府的财政负担，降低了行政效率，公共服务供给绩效较低。政府购买公共服务则是通过向具备承接服务资质的社会力量购买公共服务来“养老”。社会力量参与购买服务成为承接主体后根据市场和客户需要，合理配置自身资源并提高资源使用效率，以最小的成本供给尽可能高质量的公共服务。政府通过向社会力量购买公共服务降低政府的运营成本，缩减政府的低效率支出，从而缓解财政资金压力。

第二，提高财政支出绩效。自“十一五”以来，我国财政支出结构发生了较大变化。如表5-1所示，一方面，我国一般公共服务支出出现较大幅度减少；另一方面，教育、医疗卫生、社会保障和就业、城乡社区事务等公共服务支出有不同程度的增加。在现有财政支出结构下，提高财政支出绩效是购买主体转变公共服务提供方式的主要动因。政府购买公共服务通过引入竞争机制，使得公共服务提供领域形成竞争市场来提高资源配置效率。竞争市场中的社会力量激励机制更到位，发展方向更明确、专业性也往往更强，通常拥有更规范的办事流程和更灵活的用人机制。由社会力量承接部分公共服务的生产职能，可以很大程度上减少政府的公共服务成本，从而提高财政资金的使用绩效。

表 5-1 我国财政支出结构变化情况 单位：%

项目	"十一五"				"十二五"				"十三五"	
	2007	2008	2009	2010	2011	2012	2013	2014	2015	2016
一般公共服务支出	17.1	15.7	12	10.4	10.1	10.1	10	8.7	8.4	7.9
国防支出	7.1	6.7	6.5	5.9	5.5	5.3	5.4	5.5	5.2	5.2
公共安全支出	7	6.5	6.2	6.1	5.8	5.7	5.7	5.5	5.1	5.9
教育支出	14.3	14.4	13.7	14	15.1	16.9	15.9	15.2	15.5	15.0
科学技术支出	3.6	3.4	3.6	3.6	3.5	3.5	3.9	3.5	3.2	3.5
文化体育与传媒支出	1.8	1.8	1.8	1.7	1.7	1.8	1.8	1.8	1.8	1.7
社会保障和就业支出	10.9	10.9	10	10.2	10.2	10	10.2	10.5	10.4	11.5
医疗卫生支出	4	4.4	5.2	5.3	5.9	5.8	5.9	6.7	6.7	7.0
环境保护支出（节能环保支出）	2	2.3	2.5	2.7	2.4	2.4	2.4	2.5	2.3	2.5
城乡社区事务支出	6.5	6.7	6.7	6.7	7	7.2	7.4	8.5	8.0	9.8
农林水事务支出	6.8	7.3	8.8	9	9.1	9.5	9.4	9.3	9.8	9.9
交通运输支出	3.8	3.8	6.1	6.1	6.9	6.5	6.7	6.9	6.3	5.6
其他支出	5.9	4.7	4.2	3	2.7	2	2.3	2.1	2.1	1.0

资料来源：根据《2008～2015年中国统计年鉴》、《2016年全国一般公共预算支出决算表》整理而得。

5.1.2 使用主体行为的动因分析

使用主体是公共服务的最终使用者和实际消费者，政府购买公共服务的成效和使用主体的利益密切相关。为了保障自身的合法权益，使用主体必须参与到政府购买公共服务中，践行知情权、表达社会公众的诉求和意愿，与其他主体良性互动来实现自身效用最大化。

第一，作为公共服务的消费者，使用主体的参与是保障公共服务数量和质量的需要。相对于城镇化进程中使用主体对公共服务的需求，我国公共服务供给相对不足。截至2016年年末，国内常住人口城镇化率为57.35%，比上年末提高1.25个百分点；户籍人口城镇化率为41.2%，提高1.3个百分点①。张艳芳（2016）研究测算发现，即使在最小口径最低标准下，国内公共服务的供给缺口需要政府购买公共服务的财政支出比例至少达到25%才能

① 资料来源于国家统计局《2016年国民经济和社会发展统计公报》。

弥补，而现行的政府购买公共服务支出比例仅为 1.09%，弥补这一缺口需要等到 2023 年①。随着我国城镇人口规模的扩张、城镇化进程的加快与经济总量的增加，社会公众对公共服务的需求也会进一步增加。从表 5－2 中可以看出，预计 2016～2020 年随着我国不断推进的城市化进程，公共服务供需缺口将从 2016 年的 1.91 万亿元上升到 2020 年的 4.24 万亿元，供需缺口呈现出逐年扩大的趋势。②

表 5－2　2016～2020 年城市化进程中科教文卫等基本公共服务供给缺口预测

年份	GDP（亿元）	人口（亿人）	城市化率（%）	公共服务总需求预测值（亿元）	公共服务总供给预测值（亿元）	需求与供给预测差值（亿元）
2016	678773	13.94	55	42621.61	23477.0878	19144.5222
2017	726287	13.99	56	44173.686	25587.9206	18585.7654
2018	784390	14.05	57	45725.762	27879.0758	17846.6862
2019	847141	14.10	59	61232.23	30339.9462	30892.2838
2020	914912	14.15	60	75392.22	33002.3534	42389.8666

资料来源：根据曾世宏、徐应超（2015）文献资料整理而得。

城市化的发展对政府购买公共服务满足使用主体的需求带来了很大的挑战。一方面，社会公众的基本公共服务需求在城市化进程中快速显著增长的，另一方面政府基本公共服务供给能力相对滞后的。社会公众需要政府提供多种层次的公共服务来满足自身需要。使用主体参与政府购买公共服务可以增进对购买主体、承接主体和评审主体的行为与成效的了解，更好地掌握购买项目、购买计划、购买规模、购买资金及相关政策的信息，及时表达对购买项目、规模数量、服务满意度等方面的意见，提升购买服务数量和质量，实现购买服务的预期目标。

第二，作为公权力的授予者，维护自身权利的需要。政府强制性的公权力来自于社会公众的授权，体现为社会公众让渡出一部分自身的权利交由政府来实现。权利是社会公众的一种与需要和利益满足相关的行为资格和可能

① 张艳芳．弥补公共服务供求缺口：政府购买公共服务离此目标还有多远——以基本公共服务为例［J］．商业研究，2016（5）：66－75.

② 曾世宏，徐应超（2015）运用公共服务的总供给与总需求的预测模型，对我国城市化进程中 2016～2020 年科教文卫等基本公共服务供给缺口进行了大致预测。通过计算公共服务总需求预测值与公共服务总供给预测值的差值，可以发现未来我国城市化进程中公共服务需求与供给有较大的缺口。

性。社会公众的权利意识表现为社会公众对自身权益的认知、实现权益方式的选择及如何采取措施更好地保障自身权益等。使用主体通过购买前参与购买决策、购买中监督承接主体行为、购买后反馈服务评价结果等措施，推动购买主体提高购买水平、承接主体增强生产能力、评审主体完善服务评价，最终实现维护自身权益的目标。

5.1.3 承接主体行为的逻辑思考

社会力量的蓬勃发展为政府购买公共服务的推行提供了技术支持和市场保障。承接主体为了优化发展路径选择、获取更多政府资源的支持、取得市场竞争中的优势地位、完善自身能力建设而参与公共服务的多元主体供给。

第一，拓宽市场领域的现实路径。我国将步入人均国民收入1000～2000美元的“后工业化社会”阶段与“大众消费”阶段。公共需求的全面快速增长是当前和今后一段时间的主要经济增长点之一。面对这样一个急剧扩大的公共服务需求市场，社会力量通过参与政府购买公共服务而把握市场先机是较为可行性的路径选择。社会力量在承接公共服务过程中一方面获得政府的财政资金支持和官方认证，为今后进入公共服务供给市场奠定基础；另一方面直接接触到公共服务的使用主体，为拓宽市场积累了潜在的客户资源。社会力量的参与对于拓宽自身的业务范围和市场边界具有十分重要的意义。

第二，顺应公民社会发展趋势的客观需要。市场经济的发展使得社会资源的支配和占有日渐多元化，不同的利益主体由此形成并逐步扩大其生存和发展的社会空间。在此背景下，社会治理主体也呈现多元化的特点，社会性公共服务和社会事务也一并交由多元主体来供给和承担管理职责。社会力量据此承接了部分公益性、社会性的公共服务职能，推动构建有效的公共服务社会责任机制并最终形成多元主体参与公共服务供给的格局。社会力量依据社会公众需求的变化，分析和补充公共服务的不到位，部分承担公共服务供给的重任并与政府合作共赢。

第三，事业单位身份重构的客观需要。事业单位分类改革后，完成身份重构是亟须解决的问题。公益二类、三类事业单位通过参与政府购买公共服务，可以激发自身的发展活力，提高组织管理水平，积累服务项目承接和运营经验，最终提高组织竞争力。事业单位通过承接公共服生产，实现角色转变，达成深化事业单位分类改革的目标。

5.1.4 评审主体行为的实施动因

为了更好地平衡多元主体的利益需求，确保政府购买公共服务预期目标的实现，对主体行为的监管和评估是必不可少的环节。内外部评审主体立足于自身的优势，参与政府购买公共服务评审主要基于以下两个方面的原因。

第一，内部评审主体履行部门职责的有效途径。由财政、审计、督查等部门以及与公共服务品质有关的工商、质检部门等组成的内部评审主体，是政府职能分解的重要支持机构。内部评审主体的固有部门职责主要有财政、审计、督查部门对项目资金管理使用情况进行评审，相关部门对购买项目是否属于预算目录、资金是否被挪用以及是否按合同规定支付款项的评审等。内部评审主体的评审行为，是政府管理职能得到加强和改进的重要体现，是推进政府购买服务的坚实基础。因此，内部评审主体主要基于履行部门职责的需要，参与到政府购买公共服务中来。

第二，外部评审主体拓宽业务范围、增强自身行业竞争力的需要。第三方专业评审机构凭借其专业性、独立性、客观性的组织优势，积极承担政府购买公共服务的评审工作。一方面，外部评审主体以此为契机扩大了服务半径，将业务范围由私人服务评审拓展到公共服务评审领域，获得了更多的工作机会。另一方面，外部评审主体可以由此得到政府等相关部门的官方认证，在行业竞争中处于更有利的竞争地位，进而扩大私人服务评审市场份额。

5.2 购买主体全面推进购买服务活动

自20世纪90年代初“罗山会馆”模式的政府购买公共服务发展至今，购买主体向社会力量购买服务的行为实践取得了长足的进展。宏观层面，以2016年6月国务院政府购买公共服务改革工作领导小组成立为界，购买主体的行为实践大致分为两个阶段：第一阶段（1995～2016年），以地方政府的行为实践为主。20世纪90年代部分地区开始进行政府购买公共服务的试点，目前上海、北京、深圳等城市已经在政府购买公共服务实践上取得了卓有成效的进展，其他地区也陆续实施了政府购买公共服务。地方政府将购买服务作为提高公共服务的供给效率、满足社会公众的需要和转变政府职能与调动社会力量的有效举措，其购买主体的行为实践取得较大的成效，并最终获得中央政府的支持和肯定。第二阶段（2016 年至今），中央政府统筹协调政府购买公共服务制度安排。

微观层面，地方购买主体行为的实践历程如表 5－3 所示，可以分为三个阶段：第一，1995～2002 年购买主体行为的起步探索阶段。以上海市、深圳市为代表的地方购买主体初步进行了购买服务的行为实践，积累了一些经验。第二，2003～2010 年购买主体行为的试点推进阶段。多个地区的购买主体在许多新的领域进行了有益探索，取得了一些成效。第三，2011 年以后购买主体行为的制度化推广阶段。各地政府出台了相关的规章制度，购买主体行为初步得以规范化和制度化。

表 5－3　　我国地方购买主体行为的实践历程

阶段	典型案例		
	年份	地区	主要内容
1995～2002 年起步探索阶段	1995	上海浦东新区	委托基督教青年会管理综合性的市民社区活动中心——罗山会馆
	1999	深圳	环卫清扫工作购买
	2000	上海市卢湾区	民政局购买居家养老服务和入住养老服务
2003～2010 年试点推进阶段	2003	南京市鼓楼区	政府购买服务、社会组织运作的居家养老服务网
	2004	上海市	委托民办非企业单位开展社区矫正人员、“失学、失业、失管”社区青少年和药物滥用人员的相关社会服务工作
		佛山市南海区	狮山镇政府向辖区内民营医院购买公共卫生服务
		宁波市海曙区	向星光敬老院购买养老服务
	2005	无锡市	在市政设施养护、污水处理等十多项公共事业领域实行政府购买服务
	2007	江西省	以公共卫生服务券及教育券的方式购买公共服务
		深圳市	培育社会工作机构，购买社工服务试点
	2009	广东省	将三大类 17 项职能通过授权、委托及其他方式转移给社会组织
		天津市开发区	委托泰达公共服务中心依托社区提供政府公共服务和行使部分公共管理职能
		成都市	发布指导意见，探索建立政府购买社会组织服务制度
	2010	北京市	将社会组织公益行动纳入民生服务领域，投入 4277 万元安排 300 项政府购买服务项目
		杭州市	下发指导意见，向社会组织购买八大类服务

续表

阶段	典型案例		
	年份	地区	主要内容
2011 年以后制度化推广阶段	2011	北京市	社工委发布《2011 年政府购买社会组织服务项目指南》
	2012	广东省	出台《广东省推进政府向社会组织购买服务工作暂行办法》和《省级政府向社会组织购买服务目录》
	2013	北京市	计划安排 8000 万元市社会建设专项资金，向社会组织购买 500 个公共服务项目

资料来源：根据政府官方文件及资料整理。

购买主体的行为实践在全国各地、各部门开展的方式、规模和程度不同，取得的成效也存在着差异，总体上体现在以下四个方面：

5.2.1 制度体系建设日趋健全

（1）我国购买主体陆续出台政策文件。

随着政府购买公共服务纵深推进，自 2012 年起各地购买主体立足于本地区经济社会发展实际，逐渐建立健全购买服务的制度体系，陆续出台了相关的政策文件。虽然各地政策内容、规范细致程度、涉及范围等方面存在不同程度的差异，但在实施意见、暂行办法、管理办法、服务目录等方面，对政府购买公共服务的实施意义和必要性、购买服务的基本流程、购买服务的范围、资金来源和使用等方面做出基本规定，进而规范指导政府购买公共服务工作，如表 5－4 所示。

表 5－4　　地方购买主体出台的相关文件

地区名称	时间	文件名称
山东省	2013 年 11 月 12 日	《政府购买公共服务办法》
	2015 年 11 月 30 日	《关于做好政府向社会力量购买公共文化服务工作的实施意见》
	2016 年 11 月 22 日	《关于进一步推行政府购买服务加快政府采购改革的意见》
广东省	2012 年 5 月 24 日	《政府向社会组织购买服务暂行办法》
江苏省	2013 年 1 月 15 日	《省级政府购买公共服务改革暂行办法》
北京市	2014 年 6 月 6 日	《北京市人民政府办公厅关于政府购买公共服务的实施意见》
	2014 年 8 月 6 日	《北京市市级政府购买公共服务预算管理暂行办法》

续表

地区名称	时间	文件名称
上海市	2012 年	《上海市市级政府购买公共服务项目预算管理暂行办法》
	2013 年	《上海市市级政府购买公共服务项目目录》
	2015 年 5 月 23 日	《上海市政府购买服务管理办法》
天津市	2014 年 2 月 13 日	《关于政府购买公共服务管理办法》
辽宁省	2014 年 9 月 25 日	《辽宁省人民政府办公厅关于推进政府向社会力量购买服务工作的实施意见》

资料来源：依据政府网站公开文件资料整理。

（2）典型国家法律体系比较完备。

法律法规体系是政府购买公共服务制度化的有力保障。一些国家普遍制定了相对较为完备的规范政府购买公共服务行为的法律体系（见表 5－5）。各国政府购买公共服务立法的实践具有鲜明的本国特色。日本建立起较为完备的法律体系，不同时期法律条文衔接顺畅；澳大利亚更重视法律的权威性，从法律层面明确各主体的权利和责任；美国的立法体系较为完备，包含基本法律与实施细则，具有体系化的特点；英国的法律体系强调与时俱进，随着经济和社会形势的发展多次及时进行法律条款的修订；新西兰政府在立法上将政府购买公共服务相关的政府机构改革、公务员制度改革、财政体制改革和公共部门改革统一起来。

表 5－5　　典型国家政府购买公共服务的相关法律

国家	时间	法律名称	主要内容
日本	2006 年	《关于导入竞争机制改革公共服务的法律》 会计法、预算决算与账目公开条例、合同式商业交易法规	专门立法 承接主体财务制度、政府购买公共服务预算制度、政府购买公共服务合同制定
澳大利亚	1997 年	《财政管理与责任法》《联邦服务提供机构法》《联邦服务提供机构（后续条款）法》	规范了财务制度、明确了各方权利与责任
美国	1761 年	《联邦采购法》	首次对政府采购做出具体规定
	1979 年	《联邦财产与行政服务法》《联邦采购政策办公室法》《合同竞争法》等	政府采购基本法律
	1984 年	《联邦采购规则》（FAR）、联邦政府各部门制定的部门采购实施细则	政府采购实施细则

续表

国家	时间	法律名称	主要内容
英国	2000 年出台、2005 年修订	《资助和采购最佳实务准则》	详细规定了政府采购公共服务的条件
英国	2009 年	《服务购买委托指导》	指导政府将公共服务委托给社会组织
	1998 年出台、2010 年修订	《英国政府和志愿及社会部门关系的协议》	明确界定了公共服务提供过程中政府和志愿部门之间的关系
	2011 年	《开放的公共服务白皮书》	将“选择”“放权”“多元化”“公平性”和“责任”作为英国政府改进公共服务的五个基本原则，并对如何提供（包括购买）公共服务做出规划
	2012 年	《公共服务（社会价值）》	要求政府部门在购买公共服务过程中不能只考虑价格因素，还必须考虑其所购买服务带来的社会、经济与环境价值。
新西兰	1986 年	《国有企业法》	公共部门的公司化和私有化改革
	1988 年	《国家部门法》	政府机构改革和公务员制度改革
	1989 年	《公共财政法》	公共财政体制改革
	1991 年	《雇佣合同法》	调整劳动合同关系和劳资关系

资料来源：依据王浦劬、莱斯特·M. 萨拉蒙（2010）图书资料整理而得。

5.2.2　购买服务规模逐步扩大

2003 年以来，伴随着购买主体行为实践的发展，我国政府购买公共服务规模逐步扩大（如表 5－6 所示）。服务采购规模[①]由 2003 年的 103.8 亿元上升到 2016 年的 4860.8 亿元，增长了近 32 倍；服务采购比例由 2003 年的

① 现阶段我国政府购买公共服务是在政府采购的框架下实施的，因此政府采购服务的数量可以反映出政府购买公共服务的规模。

6.26%上升到2016年的18.9%。

表5-6　　我国政府采购服务规模　　单位：亿元，%

年份	2003	2004	2005	2006	2007	2008	2009	2010	2011	2012	2013	2014	2015	2016
服务采购规模	103.8	138.4	195.8	270.3	356.9	453.3	544.2	709.1	888.6	1214	1534.4	1934.2	3343.9	4860.8
政府采购规模	1659.4	2135.7	2927.6	3681.6	4660.9	5990.9	7413.2	8422	11333	13978	16381	17305	21070.5	25731.4
服务采购比例	6.26	6.48	6.69	7.34	7.66	7.57	7.34	8.42	7.84	8.69	9.37	11.18	15.9	18.9

资料来源：《中国政府采购年鉴2003~2013》，2014~2016年数据来自财政部网站政府采购年度数据。

5.2.3　购买服务内容不断延伸

（1）我国购买服务内容逐步增加。

购买公共服务的内容，从养老服务向城市环卫、绿化养护、困难群体特殊服务、民办教育、律师服务等方向延伸。目前，尽管我国尚没有统一的政府购买公共服务的实施标准，但是国务院、中央相关部门和地方政府通过出台地方性的指导意见或实施办法，结合当地实际明确规定了购买的范围和领域。

由于地区间推进政府购买公共服务的进度和重点存在差异，不同地区的规范性文件对政府购买服务内容的规定不尽相同，但总体而言，政府购买公共服务覆盖的范围非常广，几乎涉及公共服务的全部领域（见表5-7）。成都市率先对政府购买公共服务内容进行规范；广东省将社区工作与政府购买公共服务结合起来，购买服务的范围许多与社区工作相关的内容；上海市政府较为关注弱势群体的基本生活保障，购买服务的目录中有关于流动人口管理、安置帮教的项目；山东省政府将部分城市规划功能让渡出去，把区域地名管理列入了购买服务的目录；中央政府出台的指导意见没有采用列举的方式，并为许多省份所沿用；天津市政府增加政府消耗性服务类购买事项，包括会议服务、机关物业管理服务、公车租赁服务等后勤服务；河北省增加了行业协会管理、消费安全、公共安全事项，提及市政公共设施建设为购买内容；财政部、民政部、工商总局试行的政府购买服务管理办法（暂行），基本确立政府购买服务范围的最终模式，但未规定排除事项。

表5－7　　政府购买公共服务的范围

规范性文件名称	购买内容	备注
成都市人民政府关于建立政府购买社会组织服务制度的意见	公共卫生服务；公共就业服务；社会保障服务；法律服务；公共文化服务；养老服务；其他	第一份规定政府购买服务范围的规范性文件
广东省政府向社会组织购买服务暂行办法	社会公共服务与管理事项和履行职责所需要的服务事项两大类	开创了框定政府购买服务范围的基本模式
山东省政府购买公共服务办法	基本公共服务事项、社会管理服务事项；行业管理与协调事项；技术服务事项；政府履职所需辅助性事项；其他	对广东模式进行了改进，去除两大类分类，直接以广东的子类作为一级分类并加以领域列举
国务院办公厅关于政府向社会力量购买服务的指导意见	适合采取市场化方式提供、社会力量能够承担的公共服务，突出公共性和公益性排除事项	未采用逐条列举的方式；为多份《指导意见》沿用
天津市关于政府向社会力量购买服务管理办法	基本公共服务事项；社会管理服务事项；行业管理与协调事项；技术服务事项；政府消耗性服务事项；政府履职所需辅助性事项；其他排除事项	增加政府消耗性服务类购买事项，包括公车租赁服务、机关物业管理服务、会议服务等后勤服务
河北省人民政府办公厅关于政府向社会力量购买服务的实施意见	排除事项；教育服务；就业服务；医疗卫生；社会保障；社会服务；住房保障；残疾人服务；文化体育；交通运输；公共安全；消费安全；资源环境；城乡社区公共设施；技术服务；经济服务；行业协会管理	增加公共安全、消费安全、行业协会管理事项，提及市政公共设施建设为购买内容
财政部、民政部、工商总局政府购买服务管理办法（暂行）	基本公共服务；社会管理性服务；行业管理与协调性服务；技术性服务；政府履职所需辅助性事项；其他	基本确立政府购买服务范围的最终模式，但未规定排除事项

资料来源：依据政府公开文件整理。

（2）典型国家购买范围广泛。

欧美国家政府购买服务范围的十分广泛，涵盖了49%的卫生、47%的社会服务和42%教育科研领域。美国政府购买公共服务的范围涵盖了公共信息服务、社会福利救济、公共卫生、公共安全（监狱管理、消防、治安）、公共设施（公园图书馆运营、水利、公共交通）等诸多领域，而且不同层级的购买主体购买范围又各有侧重。具体如表5－8所示。

表5－8　　美国州、市层面政府购买公共服务的范围

购买主体层次	政府购买公共服务的范围
市级购买主体	行政（收费、传递、传票等）；建筑物维护；资料处理；车辆维护；医院、保健与紧急救助；会议与休闲娱乐场地；废弃物清运及处理；街道、桥梁维护；交通标志；交通及捷运；水电抄表收费；车辆违规拖吊
州级购买主体	交通运输；自然资源和环境保护；行政事务和一般服务；社会服务；精神健康与发育迟缓；青少年康复；医疗卫生；教养感化；高等教育、教育；公共安全和州警察；公园和文化娱乐；劳工服务；国库；法律服务；其他公共服务
联邦政府级购买主体	国防；能源开发及利用；航空航天；农业开发与利用；医疗卫生；社会服务；辅助性服务

资料来源：根据句华（2010）文献资料整理。

在日本，行政机关分成3个级别：中央政府、都道府县和市町村，后面两个级别的行政机关通常被称为“地方自治团体”。为了摆脱中央对地方的介入和控制，实现真正的地区自治，同时也是出于财政上的考虑，日本政府鼓励地方自治团体将公共服务发包给社会大众。2005年，小泉内阁对3个领域的8类项目引入政府购买公共服务机制。政府购买公共服务的范围主要包括：公共就业、社会保险、刑罚设施。2006年以后，政府购买公共服务的范围进一步扩大，增加了统计调查、大学教育两大领域。截至2016年4月，根据日本总务省发布的数据，都道府县、指定都市、市区町村在行政事务类、环境卫生类、公立学校服务类、其他类的公共服务的购买率分别为93.2%、93.5%和89.3%。

在英国，政府购买公共服务涉及的领域比较广泛，政府购买公共服务项目分属于不同的部门管理（见表5－9）。各部门发挥自身专业优势，实施具体服务项目的购买。内政部购买犯罪预防、管理服务，教育技能部购买儿童培训、护理、救助项目，副首相办公室购买社区管理服务，工作和养老部购买青年新政项目，交通部购买面向农村和弱势群体交通服务，国家医疗保健卫生部购买医疗服务，国防部购买退伍军人服务。

表5-9　英国政府购买公共服务范围

购买主体	购买服务项目
内政部	犯罪预防、管理项目 毒品行动队——国家禁毒战略下设立的地方协调小组 受害人援助——国家慈善结构对犯罪受害者提供援助和信息
教育技能部	儿童基金——服务于5~13岁的弱势儿童及青少年 保护儿童和支持家庭资助——儿童的社会照顾 好起点项目——儿童护理、健康和情感开发服务 联系项目——为13~19岁的青少年提供信息和建议
副首相办公室	社区新政——最弱势社区的扶贫 流浪者住所提供
工作和养老金部	青年新政——对18~24岁青年人的就业咨询和帮助
交通部	针对农村和弱势人群的交通服务资助：农村公车补贴、城乡公车困难补贴
国家医疗保健服务部	资助慈善收容所 各种医疗服务，例如癌症病人关怀
国防部	退伍军人服务 技能训练——对14~16岁青年人的职业培训
税务与海关	提供关于免税资格建议的试点计划

资料来源：根据英国国家统计办公室资料整理而得。

5.2.4　购买服务方式选择多样

（1）我国购买服务方式日渐多样。

目前，我国政府购买公共服务的购买方式主要参照《中华人民共和国采购法》中政府采购方式的规定，包括：询价、单一来源采购、竞争性谈判、邀请招标、公开招标等。在我国各级政府购买服务过程中，购买主体不同程度使用了这些购买服务方式。为了进一步分析我国政府购买公共服务方式，本书依据程序的竞争性和主体间独立性，将政府购买服务方式分为四种（见图5-2）[①]。

在我国四种政府购买公共服务方式均有不同程度的使用，取得了一些成效。早期的政府购买公共服务多采用依赖关系购买的方式，其中较有代表性

① 王名，乐园．中国民间组织参与公共服务购买的模式分析［J］．中共浙江省委党校学报，2008（4）：5-13.

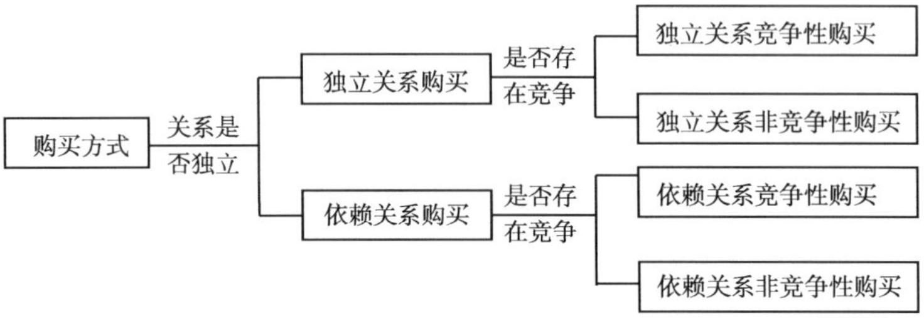

图 5－2　政府购买公共服务的四种方式

的是 2003 年上海市政法委组织市禁毒委、市团委和市矫正办等单位向所组建的自强、阳光、新航三个民办非企业单位购买相关社会服务。很快这种政府购买服务方式在其他城市和省份得以普及。由于承接公共服务的三个民办非企业单位由政府组建，购买主体与承接主体间关系并不独立，同时由于程序上缺少竞争，这一购买当时是典型的依赖关系非竞争式购买服务方式。

后来，竞争性购买方式的优点为购买主体所接受和认可。2005 年 12 月中国扶贫基金会、江西省扶贫办、亚洲开发银行和国务院扶贫办采用了公开招标、评标的方式，并最终选择 NGO 作为承接主体。这是我国第一个通过公开招标方式实现程序上竞争的购买服务项目。随后，政府购买公共服务相继使用招标、竞争性谈判、询价等一系列有利于竞争的购买方式。竞争性购买的优势在于，购买主体作为公共服务购买过程中的“发包方”，可以在公平公正的环境下做出购买决策的选择，即在众多的“承包方”间进行比较和选择最优的方案。以招投标为标志的竞争性购买方式因其较好地引入了市场机制，实践中可以节约财政资金。敬乂嘉（2011）对 A 市公益服务招投标实践的分析表明（见表 5－10），“单个项目的平均投标数目为 3.09 个，总计节约资金 256 万元，资金节约率为 6.04%[①]”。

表 5－10　　　　A 市公益服务招投标资金节约率

服务类别	平均投标数量	合同数量	平均合同价格（元）	总资金节约（元）	资金节约率
安老	3.21	61	409367	1567807	5.91%
扶幼	3.08	13	229870	154025	4.90%
济困	2.82	11	215503	194745	7.59%

① 敬乂嘉．社会服务中的公共非营利合作关系研究——一个基于地方改革实践的分析［J］．公共行政评论，2011（5）：5－25＋177．

续表

服务类别	平均投标数量	合同数量	平均合同价格（元）	总资金节约（元）	资金节约率
助残	2.89	19	234815	236477	5.03%
其他	3.09	23	219307	407810	7.48%
全部	3.09	127	313667	2560864	6.04%

资料来源：根据敬乂嘉（2011）文献资料整理得出。

（2）典型国家多种购买方式组合运用。

在长期的公共服务购买实践中，发达国家依据所有服务的性质，以提高服务质量为导向，采用了包括公私合作、合同外包、个人账户直接付款、补贴制度和消费券等在内的多种购买形式。

第一，公私合作（PPP）。在公共项目（事业）建设或运营中，公共部门和非公共部门（主要是民营企业）发挥各自比较优势，共担风险责任、共享收益，相互合作提供公共服务的一种模式。具体包括：BOT、BTO、LBO、BOO、BBO、TOT 等多种操作方式，且在德国应用得最为广泛。例如，德国的公路、桥梁、隧道、污水处理设施、自来水供应系统等基础设施领域公共服务的提供都采取公私合作的方式。

美国国际城县管理协会（International City/County Management Association，ICMA）自 1982 年开始，每 5 年在全国范围内进行一次有关公共服务提供方式的大规模专项调查。调查对象包括所有人口超过 25000 人的县及人口超过 1 万人的城市。1982～2007 年的调查结果（见图 5－3）表明：政府直接提供公共服务始终是最为主要的方式；公私混合提供模式占比约为 1/5；合同外包方式占比最低。

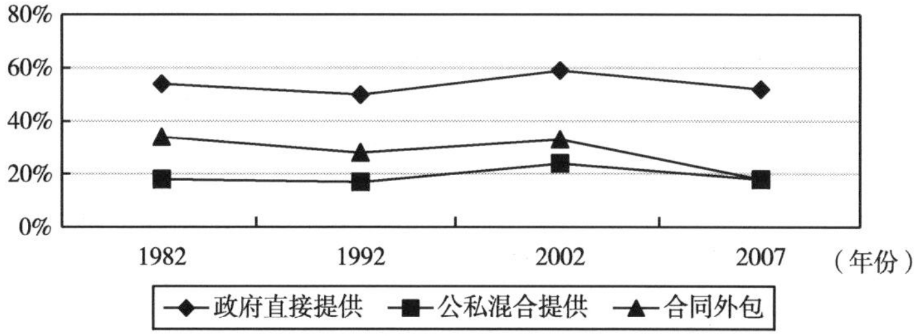

图 5－3　美国政府各种购买方式所占比重

资料来源：根据美国国际城县管理协会（ICMA，International City/County Management Association）1982～2007 年调查报告整理而得。

第二，合同外包。合同外包（也称服务外包）是指购买主体确定某种公共服务的数量和质量标准，按照一定程序公开择优，与私营部门或非营利部门签订提供公共服务的供给合同，购买主体则以纳税人的税收去购买承接主体提供的公共服务，并依据合同对服务数量、质量、效率、绩效对承接主体的活动进行监督和管理。服务外包在美国最为普遍，截至2012年，美国政府已经与私人公司、非营利机构等签订了大约2000万个购买服务合同。在英国，合同外包是最常见的购买方式，通常根据不同性质的公共服务采取不同的形式。密集型劳务的购买合同具有细节详尽、格式规范、规模较大的特点，通过进行预算，事前确定好价格以及浮动的上下限；对于社会福利、医疗卫生、文化娱乐等专业服务的购买，则采用个案合同管理，或者采取金额固定、数量不固定等形式①。德国合同外包的方式主要包括：协商方式、招标方式、谈判程序。

第三，其他形式。个人账户直接付款，政府部门将款项直接转入符合相关条件的公民个人账户。例如在英国政府发布的《公共服务开放白皮书》（2011）中指出，个人服务项目（individual services）中的，成人社会救济（adult social care）、残障特殊教育需求（special educational needs and disability）、弱势群体住房（housing for vulnerable people）等服务项目②。

补贴制度是政府以税收优惠、低息贷款或贷款担保等形式对提供公共服务的市场主体进行补贴。在美国，提供公共服务的市场主体可以免缴联邦和州所得税和财产税。除此之外，德国购买主体还采取政府转移支付、政府补助制度等予以补贴（见表5-11）。

表5-11　　德国政府转移支付和政府补助制度方式的运用领域

政府转移支付与政府补助的使用方式	转移支付和政府补助制度方式的运用领域
州和联邦共同拨款	高等学校、地区经济结构的改善、农业结构和海岸保护的改善
优惠政策	对受援地区基础设施建设进行投资补贴、中小企业人力资本项目、地区间经济合作项目、企业投资项目

资料来源：根据王浦劬、莱斯特·M. 萨拉蒙（2010）相关资料整理而得。

① 魏中龙．政府购买服务的理论与实践研究［M］．北京：中国人民大学出版社．2014：102-103.

② 麻富根．政府购买公共服务的国际经验与启示［J］．中国政府采购，2014（9）：27.

消费券制度是公民个人凭借政府发放的服务消费券可自行选择服务提供方，服务提供方则凭借此票券向政府报销。在美国的老年人医疗、穷人住房援助，在英国的教育领域等都采用此形式。

5.3　使用主体选择性参与购买过程

政府购买公共服务实施前，公共服务供给的目标都是为社会公众提供优质的公共服务。实施后使用主体最大的变化在于，社会公众由传统供给模式下被动接受政府提供公共服务的消费者，成长为构成政府购买公共服务的四元主体之一。使用主体参与购买服务决策，监督承接主体提公共服务过程，对公共服务的最终效果进行评价和反馈，行为范围进一步扩大。

5.3.1　参与购买决策的渠道日益畅通

公民参与民主决策的主要方式有社情民意反映制度、专家质询制度、社会公示制度和社会听证制度。当前在政府购买公共服务领域，作为使用主体的公民初步通过某一方式或渠道参与购买决策（见图 5－4）。以济南市市中区民政局购买社工服务项目模式的流程为例，购买主体通过中间人间接了解服务需求，之后通过中间人和服务承接主体间接掌握服务效果的反馈信息。购买主体和使用主体之间通过间接的联系机制沟通相关信息。

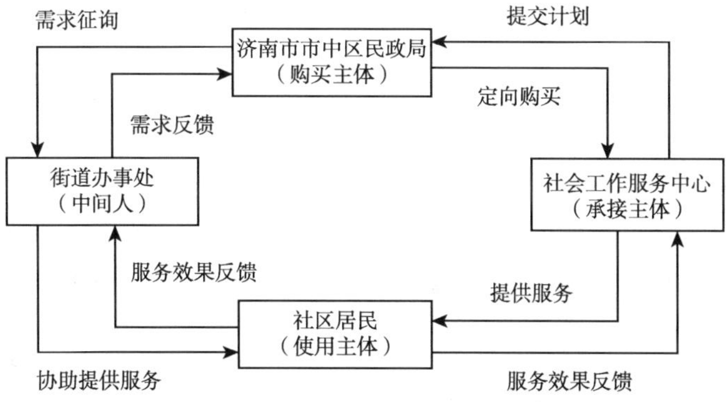

图 5－4　济南市市中区民政局购买社工服务的流程

资料来源：根据黄春蕾、刘君（2013）文献整理而得。

其他国家使用主体在购买决策前可以充分表达自身对于公共服务的特殊需求。例如，新西兰的少数民族特别表达对健康服务的需求，澳大利亚的土著人也因为自身环境的特殊性积极争取健康服务，美国特定群体表达对药物滥用治疗方面服务、精神治疗方面服务的需求，英国特殊群体通过各种途径和方式表达对购买的卫生服务内容的要求。

5.3.2 监督评价服务的机制逐渐完善

从济南市的实践看（见图5－4、图5－5），一方面使用主体（见图5－4中的社区居民）在消费公共服务过程中，监督承接主体提供服务过程，并将服务效果实时反馈给作为承接主体的社会工作服务中心。承接主体可以依据使用主体反馈的信息，及时纠正供给行为的偏差和不足，提高服务水平。另一方面，使用主体（图5－5中的市直单位服务对象）在消费公共服务后，向购买主体反馈服务效果评价。购买主体据此对承接主体进行日常管理综合考核，并要求承接主体据此提高服务质量。

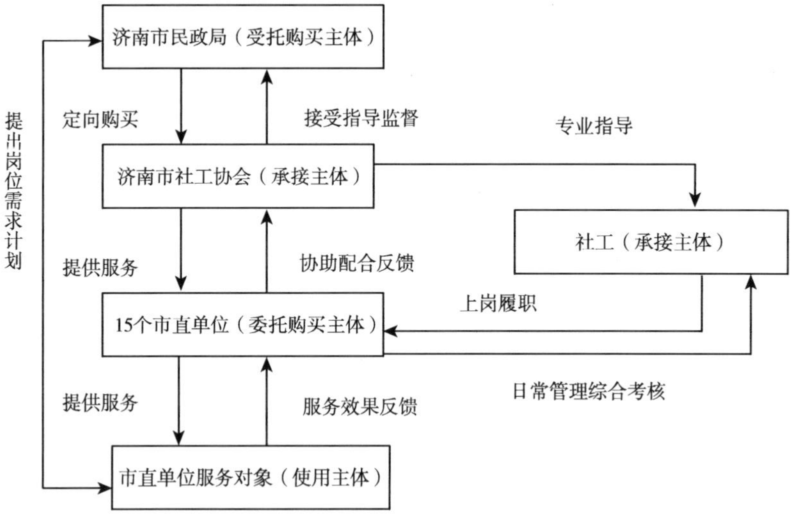

图5－5 济南市政府购买社工岗位模式的运行流程

资料来源：根据黄春蕾、刘君（2013）文献资料整理而得。

近年来，公共服务满意度调查随着我国加快服务型政府建设步伐，日益成为社会各界关注的焦点。使用主体通过参与政府和研究机构的投放问卷、电话调查、网络调查等方法对我国公共服务的状况进行调查和评议，如重庆市社情民意调查中心组织的 9 大公共服务业的满意度调查、国家邮政局开展的快递服务公众满意度调查和中国社科院组织的中国公共服务综合评估等。

北京市专门建立了具有项目检索、项目社会评价、项目社会参与、项目进度、项目发布以及项目申报等功能“社会服务民生行动”的网络平台。社会公众可以在网络平台上对项目发表意见或者评定成绩。相关人员还可以在网上填写参与者的信息、联系方式以及为该项目提供的资源或服务的情况，可以对自己感兴趣的项目提出参与的要求等。

购买服务后，使用主体对于服务效果进行评估，并及时反馈给购买主体、承接主体和评审主体。在英国政府购买公共服务的改革中，使用主体发挥的作用越来越大。以前为了确保评估的专业性和可靠性，购买主体往往委托第三方进行评估。目前基于顾客导向，质量至上逐渐成为公共服务供给的基本理念，购买服务的绩效评估也相应地以使用主体为中心，让公众参与测评。目前德国、日本等国家已广泛使用公众意见调查、用户调查等方法来评估使用主体对公共服务的满意度。

5.4　承接主体扩大公共服务生产规模

公共服务的生产是将要素投入转化为服务产出的过程。承接主体承接公共服务力度不断加大，从社会公众生活性民生公共服务，深化发展到生产性保障服务；从为社会公众供给的公共服务，扩展到为政府决策提供的公共服务和决策咨询；从对于人的社会服务进一步扩大到对于自然资源的保护性服务。

5.4.1　承接项目的资金规模大幅增长

承接主体承接公共服务生产项目所获得的财政资金规模有较大幅度的增长。根据杨团（2014）统计，2013 年全国社会力量承接公共服务的项目资金达到 150 多亿元，相对 2012 年有较大幅度增长[①]。根据王浦劬（2016）所调

---

① 数据来源于杨团主编的慈善蓝皮书：中国慈善发展报告（2014）。

研的 BJ 市 2010～2013 年政府购买公共服务情况（见表 5－12），社会力量所获得的政府购买公共服务资金规模及所撬动资金数都取得长足进展。

表 5－12　　2010～2013 年 BJ 市社会力量承接公共服务规模

年份	资金额（万元）	撬动资金数（万元）	项目数（个）	承接主体数目（家）	提供服务数（万小时）
2010	2020	821	300	1207	121
2011	7879.6	1911.72	363	1300	129
2012	8089.6	2876.22	368	1517	148
2013	7698.9	10322	515	5037	282

资料来源：根据王浦劬、莱斯特·M. 萨拉蒙（2010）图书资料整理而得。

政府影响社会组织最重要的途径是直接提供财政支持，欧美国家政府资金支持是社会组织收入的重要来源，其规模远远大于慈善捐赠（见表 5－13）。在萨拉蒙、索科沃夫斯基调研的 39 个国家中，社会组织收入中平均政府资助与慈善捐赠的比例是 2.57∶1，显然政府资助与社会组织的发展有着密切的关系。

表 5－13　　部分国家社会组织的收入来源结构

	政府资助	服务收费	慈善捐赠
英格兰	47%	45%	8%
法国	58%	35%	7%
德国	64%	32%	4%
美国	31%	57%	12%
澳大利亚	31%	63%	6%
39 个国家平均值	36%	50%	14.57%

资料来源：根据萨拉蒙、索科沃夫斯基（2010）图书资料整理而得。

5.4.2　承接服务的社会力量迅速壮大

（1）我国承接主体取得重要发展契机。

从承接主体的角度来看，政府购买公共服务为社会力量的发展提供了契机。政府购买服务的资金对承接主体的发展至关重要。以承接主体中发展最为迅速的社会组织为例，根据萨拉蒙的研究，在全世界范围内政府资助已成为社会组织经费的主要来源①。我国购买服务资金对社会组织的促进作用也越来越明显。根据民政部 2015 年社会服务发展统计公报，截至 2015 年底，“全国共有社会团体 32.9 万个，比上年增长 6.1%；全国共有各类基金会 4784 个，比上年增加 667 个，增长 16.2%；全国共有民办非企业单位 32.9 万个，比上年增长 12.7%”②。近几年社会组织发展情况如图 5－6 所示。

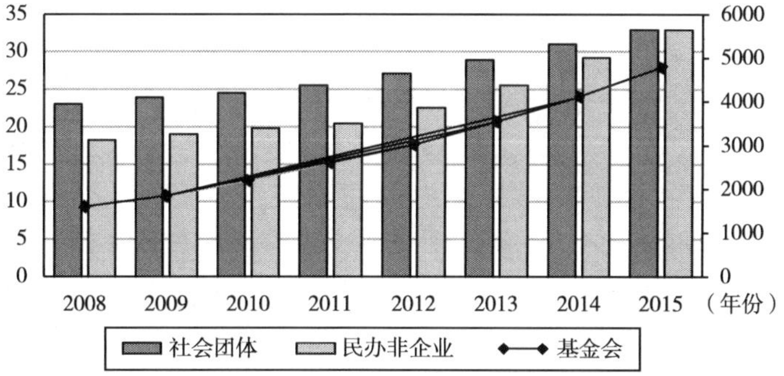

图 5－6　2008～2015 年社会组织规模

资料来源：根据民政部 2015 年社会服务发展统计公报整理。

以社会工作发展相对较早的广东省为例，以购买服务为抓手的策略成为广东省社会工作发展的鲜明特色，其社会组织发展脉络在很大程度上折射出全国社会组织的发展路径。2008 年社会组织数量为 24571 个，到 2013 年就上升到 41052 个，年均增长近 10%，2016 年达到了 59520 个。而四川省同期由 28345 个增长到 35261 个，增幅达 25.1%。其中，2012 年、2013 年的增长率两倍于 2011 年的增幅（见表 5－14）。可见，在政府购买公共服务大力发展的背景下，以社会组织为代表的承接主体蓬勃发展，已成为公共服务供给体系中必不可少的力量之一。

（2）典型国家承接主体迅速发展。

承接主体的品质及稳定性在很大程度上决定政府购买公共服务的成效。以美国的非营利组织为例，1975～2015 年美国非营利组织快速成长，总数超过 200 万个。同时，非营利组织本身实力也逐渐增强。在青少年教育服务、

① 王浦劬，莱斯特·M. 萨拉蒙. 政府向社会组织购买公共服务研究：中国与全球经验分析［M］. 北京：北京大学出版社，2010.

② 数据来源于民政部 2015 年社会服务发展统计公报。

表 5 - 14　　　　　　　　广东、四川省社会组织数量

年份	2008	2009	2010	2011	2012	2013	2016
广东数量	24571	26523	28509	30535	34537	41052	59520
四川数量	28345	28469	29104	30274	32524	35461	—

资料来源：广东省社会建设发展报告（2013～2014）和四川省社会发展报告（2014～2015），2016 年数据来自民政局官方公告。

养老居住、医疗、残疾人服务、心理健康服务和贫困救助等诸多领域，非营利组织是提供公共服务的主要力量。同时，为确保机构的良性运转，承接主体可以从政府获得直接的税收减免以及其他倾斜性财政政策。

日本社会组织的发展有明确的法律保障，以非营利组织为例，日本 1998 年颁布的《特定非营利活动促进法》推动了非营利组织高速发展。根据日本内阁府创设的"NPO 法人门户网站"提供的数据，已认证的日本特定非营利组织法人总数从 1998 年的 23 个增长至 2016 年 4 月的 50902 个[①]。

5.4.3　承接服务的组织类型日益丰富

考察我国政府购买公共服务的实践可以发现，现阶段承接主体主要包括事业单位、民办非企业单位和社会团体等。以上海为例，2009～2016 年共有 356 个社会组织承接了 942 项社区公益服务项目，其中民办非企业单位和社会团体占到了 90% 以上。对于这些组织而言，市级政府主管的组织较少，仅有 6 个；其次是区民政局，有 118 个组织，占到 33.15%；主管部门是街道办事处的最多，达到 133 个，占到 37.36%（见图 5－7）。

同样地，考察深圳市承接公共服务的社会组织类型（见表 5－15），社会组织类型丰富，以社会事业类（社会福利类）为主，其他类别的社会组织占比较低。

表 5－15　"十二五"末深圳市承接公共服务的社会组织种类构成

组织类别	经济类	科学研究类	社会事业类	慈善类	综合类	其他
所占比例	8%	6.9%	55.9%	19.2%	9.8%	0.2%

资料来源：根据欧阳航、赵月、杨舒慧（2017）文献资料整理而得。

① 数据来源于内阁府市民活动促进课统计数据．https：//www.npo－homepage.go.jp/about/toukei－info/ninshou－seni.

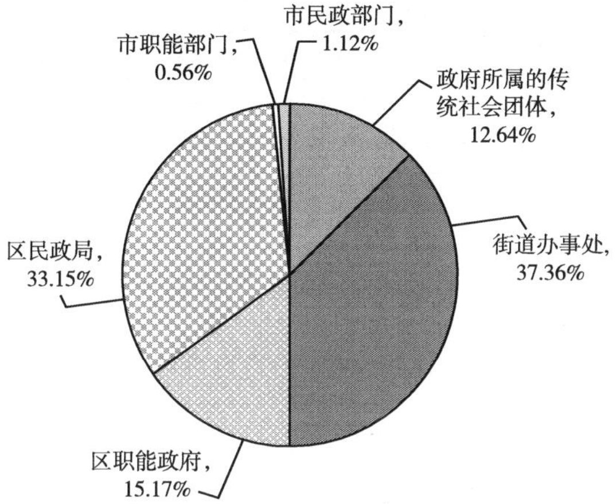

图 5－7　上海市承接主体的组织类型

资料来源：根据管兵、夏瑛（2016）文献资料整理而得。

在政府购买公共服务中，分类改革后的生产经营类事业单位由于身份重构使其与政府剥离而形成了独立的责任主体，最终通过合同达成合作意向。自 2003 年上海市林业、环卫、绿化行业分别开始实施由事业单位转制为企业的改革，环卫和绿化行业通过政府购买养护作业服务的模式，基本实现事企分开、政企分开、管养分开，初步实现“以费养人”向“以费养事”的转变。

在改革过程中公益服务类事业单位不仅与政府剥离，还在社会中形成了独立的结构，形成了多元化的身份结构。如表 5－16 所示，虽然公益型事业单位与民办非企业单位和社会团体相比中标比例较低，但公益服务类事业单位积极参与市场竞争，逐渐承接公共服务项目。

表 5－16　　上海市社区服务中心公益招投标中标组织类型分布

	企业	社会团体	公益型事业单位	民办非企业单位	总数
2009 年	0	21	11	49	81
2010 年	0	8	3	24	35
2011 年	0	13	0	56	69
2012 年	0	23	6	40	69
2013 年	0	16	3	34	53
2014 年	0	0	2	20	22
2015 年	0	8	0	27	35

续表

	企业	社会团体	公益型事业单位	民办非企业单位	总数
2016 年	2	1	0	32	35
2017 年	0	0	0	2	2
总数	2	90	25	284	401
百分比	0.6%	22.4%	6.2%	70.8%	100%

资料来源：根据上海市社区公益招投标网中标组织整理而得，数据截至 2017 年 6 月 19 日。

从世界范围看，不同国家的社会组织类型具有不同的特点（见表 5－17）。英国、德国和匈牙利的社会组织类型相对丰富多样，法国、澳大利亚和韩国的社会组织类型较为单一，以协会和基金会为主。这一差别主要是由于各国社会组织发展的指导理念和发展程度不同造成的。

表 5－17　　国外承接主体的社会组织类型

国家	参与服务提供的社会组织类型
英国	注册慈善机构、非慈善事业的非营利实体、协会、自助组织、社区组织和社会企业
法国	协会和基金会
德国	注册的协会、民法中的非营利基金会、非营利私人有限公司、非营利合作社
匈牙利	协会、基金会、宗教团体、从事社会活动的私人企业或合资企业
澳大利亚	慈善组织、信托和非自治协会
韩国	协会、基金会

资料来源：根据王浦劬、莱斯特·M. 萨拉蒙（2010）图书资料整理而得。

5.5　评审主体初步建立评审体系

公共服务的绩效评估是政府购买公共服务的重要环节，是保障政府购买公共服务质量的关键。购买服务实施前，公共服务的绩效评估主要是由政府及财政、审计、监察等职能部门承担的。购买服务实施后，为了确保评审结果的独立性、专业性和有效性，公共服务的绩效评估还需要发挥外部评审主体的作用。评审主体的行为实践在一些地区已经取得了一定的进展和经验。

5.5.1　评审内容逐步增加

政府购买公共服务评审的主要内容包括对购买主体的评估、对承接主体的评审、对服务项目的评审。目前，评审主体对承接主体和服务项目的评审取得了一些进展。

（1）对承接主体的评审。

在对承接主体的评审方面，评审主体致力于以评估促进承接主体的能力提升，严格把握承接主体的服务资质，对承接主体的评审包括两个方面：一是分类评审。评审主体以分类为基础建立分类的社会化的组织评审体系，注重对承接主体参与公共服务的过程和最终的服务质量进行评估。由于承接主体的成员与服务对象、业务、规模、功能、性质各不相同，评审主体需要在规范化建设基础上权衡相应等级，有序开展分类评估，不可能采用单一的评审模式。如无锡市根据社会组织的不同类别，按照《江苏省社会组织评估管理办法》有关规定，分别制定了五类《民办非企业单位规范化建设评估标准》和六类《无锡市社会团体评估标准》。

英国建立了规范的监督程序。首先，对公共服务购买遵循具体化、可量化、可操作性、及时性和贴近实际的评审原则。其次，购买合同的格式内容符合评审的具体要求。购买合同中含有绩效评价内容，合同的操作指南涉及绩效指标、预期目标、服务流程、需求分析等细节内容。再次，对承接主体年度复检。根据不同的购买合同，评审主体每年对承接主体进行一次复合式的检验。最后，重视消费者反馈。建立起由公务员、专家学者、承接主体代表构成的特别工作组、顾问组和政策检查组，对购买服务提供咨询和反馈意见，社会公众据此获得相关信息。另外，鼓励社会公众对违反合同规定的行为进行举报，并依法保护举报者的合法权益。

二是绩效评审。评审主体对承接主体绩效进行考核和评估，激励和培育承接主体的发展。由于购买主体依据绩效评审报告情况对承接主体评价并据此拨付财政资金，现阶段评审主体较为注重对承接主体的绩效进行评审。评审主体多采用事后对购买服务效果进行评价的方式进行绩效评审。部分评审主体开始介入购买服务前对承接主体进行的资质审核。

（2）对服务项目的评审。

评审主体在对项目的评审方面，通过专业性评估来协助承接主体更好地完善项目申请与管理，改进项目服务，更有效地承接以后的政府购买公共服务项目，具体包括三个方面的内容：一是对项目立项的预先评审。评审主体通过制定一套购买服务项目的立项标准，采用“德尔菲”法筛选、网络异地分散筛选等立体、全方位的方法，确定一批使用主体的确需求、政府易管理、绩效易鉴别、属于公共服务类别的服务项目目录。同时，政府购买服务的项目筛选环节整合进使用主体的服务效果反馈信息。如成都市锦江区政府在全方位筛选的基础上形成《锦江区政府购买公共服务项目指南》，并规定购买公共服务项目的来源必须符合指南的相关要求。

二是对项目实施的全程评审。评审主体为了确保项目的服务质量符合预期目标，就项目执行过程中出现的问题和异常及时提出整改的意见和建议，并就项目进程做出科学评估，从而实现对项目实施过程的专业性指导和实时监控。2009 年，南京市玄武区在政府购买居家养老服务项目中，引入第三方“居家养老服务评估中心”每季度、半年、年终对中标承接主体进行实时评估，购买主体据此则按季度根据服务人数和《评估报告》划拨服务经费。

三是对项目效果的考核评审。成都市锦江区规定，项目评估小组必须按照《政府向社会组织购买公共服务项目绩效评估管理暂行办法》的规定，对全部使用政府财政资金向社会力量购买的公共服务都要根据合同要求和考核标准进行评估考核，力求最大限度地提升政府购买公共服务的质量和效率。

5.5.2 内部评审相对较快发展

我国现阶段政府购买公共服务评审形式主要侧重政府部门的内部评审，实践中内部评审主要有三种类型。

第一，职能部门开展的评审。职能部门主要是指承担购买服务职责的机构或是组织。实践中，一些地区由职能部门对购买服务项目实施评审。上海市政府规定购买服务的职能部门要建立应急工作机制，以应对购买过程中可能出现的突发状况；广州市政府强调职能部门对购买服务的过程进行监管，随时发现和解决问题；成都市政府强化职能部门对购买合同的监管，力求购买服务严格依照合同要求和规范执行。职能部门开展购买服务的评审主要是与自身购买的服务相关，是一种自我评审的方式。

第二，专业部门的联合评审。实践中，政府部门发挥各机构的专业优势，组织财政部门、审计部门以及督察部门联合对购买服务项目进行评审。如四川省成都市政府就在文件中规定，各部门通过联合调查对职能部门购买服务的完成情况进行年度绩效考评和督查。联合评审一方面可以综合各部门的优势做好评审工作，另一方面也利于在评审部门之间形成互相监督和竞争机制，促进评审效率的提升。

第三，专设机构的独立评审。专设机构是指政府为进行购买服务的评审工作临时设立的评审机构。深圳市政府要求在购买服务合同约定的时间，相关部门成立评估小组按照既定的评审方法和评审内容对购买服务的绩效进行验收评估。这种评审方式多用于购买服务后的验收评审，属于事后评审的范畴。因评估小组的成员临时形成，在一定程度上可以加大评审对象寻租的难度，从而确保评审结果的客观、公正。

内部评审机制是政府部门相关机构履行部门职责的必由之路。内部评审机制的快速发展也从侧面反映了购买服务项目的增多和购买范围的进一步扩大。内部评审机制在购买服务的绩效评审方面积累了一些经验，总结了一些好的做法，为以后加大评审力度奠定了基础。

第6章 政府购买公共服务主体行为的评价

政府购买公共服务主体行为的评价是对四元主体在各自的行为边界内通过纵向与横向的协调，有效利用自身的资源和优势，实施政府购买公共服务协同购买的效果进行评价。多元主体的公共服务供给体系与政府单一主体的公共服务供给机制相比，在发挥各参与主体资源和专业优势的同时，也面临着主体协调的成本问题。四元主体分工履责和协同购买的成效高低，直接影响到政府购买公共服务的社会公众满意程度和政策的实施效果。如何科学评价政府购买公共服务的主体行为是目前亟待解决的问题，而科学评价的关键在于评价指标体系的构建。

6.1 基于平衡计分卡的主体行为评价体系构建

政府购买公共服务具有节约预算资金、控制购买成本、确保购买流程的合法可控、保证提供服务的公共性和非营利性等多重目标，因此政府购买公共服务主体行为的绩效评价具有复杂性和特殊性。政府购买公共服务的主体行为评价体系运用平衡计分卡理论，综合考虑政府购买公共服务的多重目标，在模型设计、评估指标拟定和权重赋值基础上构建，能够更为科学、客观、全面地评估主体行为的绩效。

6.1.1 基于主体行为评价的模型设计

平衡计分卡是用于企业绩效评价的一种理论，绩效评价体系的模型设计主要是依据企业的实际情况构建的。因此，当平衡计分卡理论应用于政府购买公共服务的主体行为评价时，模型设计应注意区分企业绩效评价与政府购买公共服务主体行为评价的差异，根据政府购买公共服务的特点修正模型。

（1）依据价值取向的差异适当调整。

企业以利润获取为价值取向，体现在其经营目标是以最小的成本获取最大的企业效益，从而实现经济利益最大化。企业评价体系构建和绩效评价指标设置等方面都要立足于获取利润这一价值取向。与企业相比，政府是一种属性、性质等方面都有很大差异的组织形式。政府权力来自于社会公众的授权，这决定了政府购买公共服务是以满足社会公众的合理需求作为价值取向，此外，政府还具有非营利性，以维护社会秩序的稳定、增进公众福利以及实现社会效益为目的。政府购买公共服务与企业在价值取向上存在一定的差异，因此，在构建主体行为的评价体系时应对基于平衡计分卡理论的基本模型做出适当地调整。

（2）按照评价内容的差异进行修正。

企业绩效评价主要包括市场份额、生产经营效益、经营者业绩和客户满意度等。企业追逐利润的价值取向决定了财务维度的指标被视为企业的"最终目标"，在整个评价指标体系中占有较大权重，在有的企业会高达 80%，其他三个维度的指标权重仅占 20%[①]。政府购买公共服务主体行为的评价则主要关注主体行为的成效，包括在行为边界内的分工情况和制度内的协同购买效果。由于政府购买公共服务具有公共性和非营利性的特点，主体行为的评价指标体系更加注重对社会公众需求的满足情况、社会福利帕累托改进情况、政策目标实现情况的考察。由此可见，企业生产运营与政府购买公共服务主体行为在评价内容上的差异，要求平衡计分卡理论应用于主体行为的评价应对评价模型适当修正，从而实现评价体系构建的预期目标。

（3）根据评价指标的差异加以修改。

指标量化和指标设定是企业绩效评价与主体行为评价在评价指标方面存在差异的主要体现。在指标设定方面，企业绩效评价倾向于设定反映业绩情况、财务情况的指标，包括净资产收益率、市场占有率、利润率等。政府购买公共服务主体行为的评价则更偏好于设定反映社会效益、主体行为分工与合作管理以及财政资金管理方面的指标。例如：社会公众对购买信息的获取情况、主体分工情况和合作情况、政府购买公共服务相关政策规划的公开情况、财政资金的使用是否合法合规、财政资金的拨付是否及时等。

---

① 申喜连．政府绩效评估研究［M］．北京：光明日报出版社，2012.

评价指标的量化方面，企业绩效评价的指标主要来自于企业内部资料数据，其中相当大比重是企业生产经营的财务数据，极容易获取又易于量化。由于企业生产经营所面向的客户群体稳定且明确，因此即使是主要来自企业外部的、获取相对困难的顾客维度指标也易于获得。比较而言，公共服务的产出不易界定，且缺乏市场交易机制和价格检验机制，主体行为评价指标的量化比较困难。评价指标设定和量化方面的差异要求将平衡计分卡理论应用于主体行为评价时，应结合政府购买公共服务的具体情况修正基本模型。

6.1.2 评价指标的拟定设置

由于政府购买公共服务的使用主体就是社会公众，指标拟定将原有的客户维度修正为社会公众维度，以强调社会公众的重要性，主要反映社会公众对政府购买公共服务的参与度和满意度；将财务维度设定为公共财政维度，用来体现公共财政的功能、项目的社会效益等；将企业内部业务流程界定为政府购买公共服务的内部流程，主要反映主体行为的衔接情况；将学习与成长维度保留，主要反映主体行为协同机制的持续发展能力。这四个维度的评价指标相互联系、相互补充，全面评价各个主体行为的成效和不足。

以平衡计分卡理论所设计的一般绩效评价模型为引导，本书运用修正版的德尔菲法①，再根据对相关文献的整理和归纳分析，通过对专家的调查问卷，拟定出政府购买社会服务主体行为的评价指标。

（1）评估指标的首轮筛选。

在观察与思考政府购买公共服务主体行为实践的基础上，本书设计出有关评价指标设定的首轮专家咨询问卷。问卷中初步拟订了4个维度的36个评价指标，面向各位专家征求意见和建议。为了简化问卷的填写程序和提高专家回答的质量，问卷设计采用了李克特五点量表（Likert five point scale）来

---

① 德尔菲法是一种著名的群体决策方法，它通过匿名问卷的方式反复征询多名专家的主观判断，直至意见趋于一致，从而获得一个相对客观的结论。由于遵循十分严格的步骤，传统的德尔菲法会产生成本过高、耗时太久、使用不便等弊端。为此，很多学者在研究中往往倾向于采用修正版的德尔菲法（modified delphi method，MDM）。与传统做法不同，修正版的德尔菲法放弃了第一轮的开放式问卷调查，而改以文献梳理、研究规划或专家座谈的方式来发展出结构性问卷。这一修正不仅简化了德尔菲法的程序，也使专家的意见更具针对性。

量化专家的意见与建议。问卷中的分别用 1 分表示这一指标很不重要，2 分表示这一指标不重要，3 分表示这一指标没有意见，4 分表示这一指标重要，5 分表示这一指标非常重要，以此来测度专家对设置该评价指标的认同程度。考虑到评价指标的选择直接影响到最终的评价结果，慎重起见调查问卷将 3.5 的平均得分设为指标保留与否临界值，即评价指标的平均得分高于 3.5 分则保留这一指标，否则放弃这一指标。

问卷调查选取 20 位承接社会服务生产的社会组织成员、20 位具体负责购买公共服务的政府工作人员、20 位从事相关研究的高校学者作为调查对象进行问卷咨询。在 60 份问卷中回收 55 份，有效回收率达到 91.7%。

问卷统计结果是：在 36 个初始指标中，有 4 个指标的平均得分没有达到 3.5 分，包括“服务设施的满意度”（2.7569）、“工作人员的满意度”（3.0236）、“支出合理性”（3.2654）、“服务档案管理情况”（3.2563）。这表明接受问卷调查的专家认为这 4 个指标不能准确地对政府购买公共服务主体行为进行评价。问卷回收后，本书计算了 36 个评价指标得分的标准差，结果显示都小于 1，反映出专家们对评价指标设置的意见基本趋于稳定和一致。按照预先设置的平均得分需超过 3.5 分的标准，评级指标体系舍弃了上述四个评价指标，保留剩余的 32 个评价指标（见表 6－1）。

表 6－1　首轮的指标筛选结果

	维度	二级指标	三级指标	平均值	标准差
主体行为的评价指标体系	A1 社会公众	B1 参与度	C1 对购买政策的了解程度	4.2024	0.7569
			C2 对购买信息的获取程度	3.8690	0.8632
			C3 购买决策参与度	4.1548	0.6531
			C4 服务信息反馈度	3.8810	0.7529
			C5 服务评价报告程度	3.7262	0.6387
		B2 满意度	C6 购买范围满意度	4.1786	0.9520
			C7 购买数量满意度	4.2283	0.6321
			C8 购买质量满意度	3.9864	0.7698
			C9 服务设施的满意度	2.7569	0.7214
			C10 工作人员的满意度	3.0236	0.8325
	A2 公共财政	B3 财政资金筹集	C11 预算编制的合理性	3.7852	0.6219
			C12 资金到位率	4.1259	0.5963
			C13 资金时效性	4.0697	0.8963

续表

	维度	二级指标	三级指标	平均值	标准差
主体行为的评价指标体系	A2 公共财政	B4 财政资金使用	C14 支出相符性	3.9234	0.8634
			C15 支出合规性	3.8597	0.8732
			C16 支出合理性	3.2654	0.9145
			C17 预算执行进度	4.1756	0.7325
		B5 财政资金绩效	C18 经济效益	4.2589	0.8562
			C19 社会效益	4.3974	0.6359
	A3 内部流程	B6 主体分工情况	C20 行为主体共识	3.6258	0.7163
			C21 主体行为能力	3.7569	0.8254
			C22 主体行为过程	3.9364	0.7263
		B7 主体协作情况	C23 服务流程的标准化	3.9874	0.6258
			C24 服务流程的便捷度	3.9423	0.8964
			C25 服务流程的透明度	3.8645	0.7234
			C26 服务档案管理情况	3.2563	0.7018
	A4 学习和成长	B8 购买主体的学习和成长	C27 法律法规体系构建	3.8954	0.6145
			C28 制度建设情况	3.9632	0.8391
			C29 信息获取情况	3.6214	0.8056
		B9 使用主体的学习和成长	C30 社会公众的参与意识	4.1598	0.7316
			C31 社会公众的参与能力	4.2304	0.6903
			C32 专门的救济渠道	3.6572	0.8014
		B10 承接主体的学习和成长	C33 社会力量的发展情况	3.6654	0.8823
			C34 社会力量的承接能力	3.8921	0.7369
		B11 评审主体的学习和成长	C35 评审机制协调情况	3.7963	0.7763
			C36 评审体系构建情况	4.3521	0.6940

首轮专家咨询问卷的调查结果还需要通过信度检验，以保证问卷结果的可靠性。一般认为，对于问卷或量表而言，大于等于 0.9 表明问卷的信度较好；0.8 卷的信度表明信度可以接受；0.7 ~0.8 可以接受但说明问卷中有些项目需要修订；小于 0.7 表示问卷中有些项目需要抛弃。本书运用 SPSS 22.0 软件对首轮专家咨询有效回收的 55 份问卷进行了信度检验。统计分析得出问

卷的折半信度[①]系数是 0.812，代入斯皮尔曼—布朗（Spearman - Brown）公式可以计算出问卷的信度系数为 0.896，总体的克朗巴哈系数（Cronbach's Alpha）[②] 为 0.913，具体到四个维度的克朗巴哈系数也都超过了 0.80（见表 6 - 2）。信度检验结果表明，问卷的信度良好，内部一致性较高。

表 6 - 2　　克朗巴哈系数（Cronbach's Alpha）内部一致性信度

维度 系数	社会公众	公共财政	内部流程	学习和成长
α	0.8125	0.8597	0.9124	0.8758

为了证明问卷调查的可靠性，本书进一步对首轮专家咨询问卷结果进行了两种类型的效度检验。第一，构建效度（construct validity）检验。运用 SPSS 22.0 软件进行 KMO 球形度检验，计算得到 KMO 值是 0.6148；进行 Bartlett 球形度检验，计算得到的近似卡方值是 1291.837，累计解释变异量达到 83.24%，显著性是 0.000，说明问卷设计具有较好的构建效度。第二，内容效度（content validity）检验。问卷内容是依据相关的政府购买公共服务和平衡计分卡理论学术文献设计的，因此具有一定的内容效度。

（2）评估指标的次轮筛选。

在首轮专家咨询问卷调查结果的基础上，结合保留的四个维度下 32 个评价指标，本书设计出次轮有关评价指标设置的专家咨询问卷。本次专家咨询问卷调查的目的在于确认专家对于拟定的指标意见一致，从而完善最终评价指标体系的设计与构建。为了确保评价指标设置的合理性和规范性，在问卷内容设计沿用李克特五点量表的前提下，将指标保留与否的临界值设定为 4 分，即平均得分超过 4 分的指标保留到主体行为的评价指标体系中，否则予以删除。

本轮专家咨询问卷调查仍然选择首轮选定的 60 位专家作为调查对象，共计发放问卷 60 份，最终回收有效问卷 56 份，有效回收率达到 93.3%。为了测度专家意见的一致性，本书对有效回收的问卷进行了统计分析，结果显示全

---

① 折半信度法是将调查项目分为两半，计算两半得分的相关系数，代入斯皮尔曼—布朗（Spearman - Brown）公式，进而估计整个量表的信度。

② 克朗巴哈系数（Cronbach's alpha）是心理或教育测验中最常用的信度评估信度工具。其依据一定公式估量测验内部的一致性，是目前社会研究最常使用的信度指标。克朗巴哈系数公式为 $\alpha = (n/n-1)(1-\sum S_{i2}/S_{t2})$，其中 α 为信度系数，n 为测验题目数，$S_{2i}$ 为每题各被试得分的方差，S_{2t} 为所有被试所得总分的方差。一般来说，该系数愈高，即工具的信度愈高。

部32个评价指标都超过了预先设置的4分保留指标临界值且标准差小于1，说明在本轮专家咨询问卷调查中专家对指标设置意见趋向于一致（见表6-3）。

表6-3 次轮的指标筛选结果

<table>
<tr><th></th><th>维度</th><th>二级指标</th><th>三级指标</th><th>平均值</th><th>标准差</th></tr>
<tr><td rowspan="32">主体行为的评价指标体系</td><td rowspan="8">A1
社会公众</td><td rowspan="5">B1
参与度</td><td>C1 对购买政策的了解程度</td><td>4.2139</td><td>0.7519</td></tr>
<tr><td>C2 对购买信息的获取程度</td><td>4.2690</td><td>0.8769</td></tr>
<tr><td>C3 购买决策参与度</td><td>4.1649</td><td>0.6298</td></tr>
<tr><td>C4 服务信息反馈度</td><td>4.2826</td><td>0.7472</td></tr>
<tr><td>C5 服务评价报告程度</td><td>4.1072</td><td>0.6129</td></tr>
<tr><td rowspan="3">B2
满意度</td><td>C6 购买范围满意度</td><td>4.1894</td><td>0.9813</td></tr>
<tr><td>C7 购买数量满意度</td><td>4.2406</td><td>0.6051</td></tr>
<tr><td>C8 购买质量满意度</td><td>4.4021</td><td>0.7671</td></tr>
<tr><td rowspan="8">A2
公共财政</td><td rowspan="3">B3
财政资金筹集</td><td>C9 预算编制的合理性</td><td>4.1741</td><td>0.6918</td></tr>
<tr><td>C10 资金到位率</td><td>4.1351</td><td>0.6617</td></tr>
<tr><td>C11 资金时效性</td><td>4.0772</td><td>0.9158</td></tr>
<tr><td rowspan="3">B4
财政资金使用</td><td>C12 支出相符性</td><td>4.3307</td><td>0.8772</td></tr>
<tr><td>C13 支出合规性</td><td>4.2585</td><td>0.8887</td></tr>
<tr><td>C14 预算执行进度</td><td>4.1863</td><td>0.7232</td></tr>
<tr><td rowspan="2">B5
财政资金绩效</td><td>C15 经济效益</td><td>4.2721</td><td>0.8687</td></tr>
<tr><td>C16 社会效益</td><td>4.4148</td><td>0.6096</td></tr>
<tr><td rowspan="6">A3
内部流程</td><td rowspan="3">B6
主体分工情况</td><td>C17 行为主体共识</td><td>4.2721</td><td>0.7042</td></tr>
<tr><td>C18 主体行为能力</td><td>4.1420</td><td>0.8325</td></tr>
<tr><td>C19 主体行为过程</td><td>4.3454</td><td>0.7159</td></tr>
<tr><td rowspan="3">B7
主体协作情况</td><td>C20 服务流程的标准化</td><td>4.4032</td><td>0.6964</td></tr>
<tr><td>C21 服务流程的便捷度</td><td>4.3521</td><td>0.9160</td></tr>
<tr><td>C22 服务流程的透明度</td><td>4.2639</td><td>0.7125</td></tr>
<tr><td rowspan="10">A4
学习和成长</td><td rowspan="3">B8
购买主体的学习和成长</td><td>C23 法律法规体系构建</td><td>4.2989</td><td>0.6831</td></tr>
<tr><td>C24 制度建设情况</td><td>4.3758</td><td>0.8486</td></tr>
<tr><td>C25 信息获取情况</td><td>4.3988</td><td>0.8092</td></tr>
<tr><td rowspan="3">B9
使用主体的学习和成长</td><td>C26 社会公众的参与意识</td><td>4.1700</td><td>0.7222</td></tr>
<tr><td>C27 社会公众的参与能力</td><td>4.2428</td><td>0.6736</td></tr>
<tr><td>C28 专门的救济渠道</td><td>4.0290</td><td>0.8042</td></tr>
<tr><td rowspan="2">B10
承接主体的学习和成长</td><td>C29 社会力量的发展情况</td><td>4.0383</td><td>0.8994</td></tr>
<tr><td>C30 社会力量的承接能力</td><td>4.2952</td><td>0.7284</td></tr>
<tr><td rowspan="2">B11
评审主体的学习和成长</td><td>C31 评审机制协调情况</td><td>4.1866</td><td>0.7747</td></tr>
<tr><td>C32 评审体系构建情况</td><td>4.3681</td><td>0.6779</td></tr>
</table>

同样为了保证问卷调查的信度，本书运用SPSS22.0软件进行统计分析结果表明，问卷整体的克朗巴哈系数为0.932，具体到四个维度的克朗巴哈系数也都超过0.80（见表6-4）；半个问卷的信度系数是0.864，代入斯皮尔曼—布朗（Spearman - Brown）公式，可以计算出总问卷的信度系数为0.927。信度检验的结果说明，本次问卷信度较好，内部一致性较高。

表6-4　克朗巴哈系数（Cronbach's Alpha）内部一致性信度

维度 系数	社会公众	公共财政	内部流程	学习和成长
α	0.8764	0.8832	0.9253	0.8937

本书运用SPSS22.0软件进行KMO球形度检验，计算得到KMO值是0.7253；进行Bartlett球形度检验，计算得到近似卡方值是1304.217，累计解释变异量达到89.63%，显著性是0.000，说明问卷设计具有较好的构建效度。

6.1.3　评价指标的权重赋值

在政府购买公共服务主体行为的评价指标确立后，权重的分配是评价中合理量化的关键。确定权重系数的方法较多，本书继续采用修正版的德尔菲（Delphi）法，以三级指标为例说明修正版的德尔菲法。

假设邀请了m位专家对所设置的n项评价指标的权重系数开展咨询工作。首轮专家指标权重系数咨询表回收后，作两项统计处理。

第一，求出在首轮专家咨询中第i项指标所得到的权重系数W_i的平均值：

$$\overline{W_i} = \frac{1}{m}\sum_{j}^{m} W_{ij}(i = 1,2,3,\cdots,n) \quad (6-1)$$

其中，W_{ij}代表了第j个专家赋予的第i项指标的权重值。

第二，计算得出所有专家赋予的W_{ij}权重值与平均值$\overline{W_i}$的偏差P_{ij}：

$$P_{ij} = W_{ij} - \overline{W_i}(i=1,2,3,\cdots,n;j=1,2,3,\cdots,n) \quad (6-2)$$

计算出结果后及时反馈给专家，进行再一次的问卷咨询，注意特别提醒计算得出的偏差P_{ij}值相对较大的专家作出新的判断。

第三，确定出政府购买公共服务主体行为评价指标的权重。专家意见在经过3轮的意见征集和修改后趋于一致，最终确定出主体行为评价指标的权重，如表6-5所示。

表6-5　　政府购买公共服务主体行为评价指标的权重　　单位：%

一级指标	权重	二级指标	权重	三级指标	权重
A1 社会公众维度	30	B1 参与度	10	C1 对购买政策的了解程度	2
				C2 对购买信息的获取程度	2
				C3 购买决策参与度	2
				C4 服务信息反馈度	2
				C5 服务评价报告程度	2
		B2 满意度	20	C6 购买范围满意度	6
				C7 购买数量满意度	6
				C8 购买质量满意度	8
A2 公共财政维度	25	B3 财政资金筹集	5	C9 预算编制的合理性	1
				C10 资金到位率	2
				C11 资金时效性	2
		B4 财政资金使用	10	C12 支出相符性	3
				C13 支出合规性	3
				C14 预算执行情况	4
		B5 财政资金绩效	10	C15 经济效益	5
				C16 社会效益	5
A3 内部流程维度	25	B6 主体分工情况	10	C17 行为主体共识	2
				C18 主体行为能力	4
				C19 主体行为过程	4
		B7 主体协作情况	15	C20 服务流程的标准化	6
				C21 服务流程的便捷度	6
				C22 服务流程的透明度	3

续表

一级指标	权重	二级指标	权重	三级指标	权重
A4 学习和成长维度	20	B8 购买主体的 学习和成长	5	C23 法律法规体系构建	2
				C24 制度建设情况	2
				C25 信息获取情况	1
		B9 使用主体的 学习和成长	5	C26 社会公众的参与意识	1
				C27 社会公众的参与能力	2
				C28 专门的救济渠道	2
		B10 承接主体的 学习和成长	5	C29 社会力量的发展情况	2
				C30 社会力量的承接能力	3
		B11 评审主体的 学习和成长	5	C31 评审机制协调情况	2
				C32 评审体系构建情况	3

6.2　基于绩效评价的主体行为问题分析

主体行为的评价体系可以对主体行为的规范程度进行衡量，一方面主体行为的评价结果反映了基于问卷调查的主体行为综合评价，另一方面为进一步分析主体行为存在的问题提供了现实依据。

6.2.1　基于问卷调查的主体行为综合评价

调查对象的选择方面，本书分别选择了东部地区三个省（SD省、JS省、ZJ省）、下辖三个市（DY市、CZ市、WZ市），所属三个县（LJ县、XB区、CN县）；中部地区三个省（SX（1）省、SX（2）省和HN省）、下辖三个市（WN市、JC市、SQ市）、所属三个县（TG县、QS县、NL县）；西部地区XJ省、下辖KS地区，所属SL县的105位购买主体、105位使用主体、105位使用主体、105位评审主体开问卷调查，调查结果如表6－6所示。

表 6-6 样本地区政府购买公共服务主体行为评价得分情况（2017）

一级指标	二级指标	三级指标	权重	省级得分	市级得分	县级得分
A1 社会公众维度	B1 参与度	C1 对购买政策的了解程度	2	1.1	1.0	0.9
		C2 对购买信息的获取程度	2	1.2	1.1	0.8
		C3 购买决策参与度	2	0.6	0.5	0.3
		C4 服务信息反馈度	2	1.3	1.1	1.2
		C5 服务评价报告程度	2	0.7	0.5	0.3
		总分	10	4.9	4.2	3.5
	B2 满意度	C6 购买范围满意度	6	4.5	4.9	4.1
		C7 购买数量满意度	6	4.9	5.1	4.6
		C8 购买质量满意度	8	5.2	5.1	4.7
		总分	20	14.6	15.1	13.4
A2 公共财政维度	B3 财政资金筹集	C9 预算编制的合理性	1	0.8	0.5	0.4
		C10 资金到位率	2	1.6	1.7	1.5
		C11 资金时效性	2	1.4	1.3	1.2
		总分	5	3.8	3.5	3.1
	B4 财政资金使用	C12 支出相符性	3	2.5	2.4	2.3
		C13 支出合规性	3	2.2	2.1	2.0
		C14 预算执行情况	4	3.7	3.8	3.6
		总分	10	8.4	8.3	7.9
	B5 财政资金绩效	C15 经济效益	5	4.1	4.0	3.8
		C16 社会效益	5	3.9	3.6	3.3
		总分	10	8.0	7.6	7.1
A3 内部流程维度	B6 主体分工情况	C17 行为主体共识	2	1.2	1.1	0.9
		C18 主体行为能力	4	2.8	2.6	2.4
		C19 主体行为过程	4	2.7	2.6	2.5
		总分	10	6.7	6.3	5.8
	B7 主体协作情况	C20 服务流程的标准化	6	4.5	4.4	4.0
		C21 服务流程的便捷度	6	4.7	4.6	4.3
		C22 服务流程的透明度	3	1.9	1.7	1.5
		总分	15	11.1	10.7	9.8

续表

一级指标	二级指标	三级指标	权重	省级得分	市级得分	县级得分
A4 学习和成长维度	B8 购买主体的学习和成长	C23 法律法规体系构建	2	1.2	1.1	1.2
		C24 制度建设情况	2	1.3	1.2	1.1
		C25 信息获取情况	1	0.7	0.8	0.6
		总分	5	3.5	3.1	3.9
	B9 使用主体的学习和成长	C26 社会公众的参与意识	1	0.6	0.5	0.4
		C27 社会公众的参与能力	2	1.2	1.1	1.1
		C28 专门的救济渠道	2	1.2	1.0	0.8
		总分	5	3.0	2.6	2.3
	B10 承接主体的学习和成长	C29 社会力量的发展情况	2	0.9	0.7	0.5
		C30 社会力量的承接能力	3	1.4	1.3	0.8
		总分	5	2.3	2.0	1.3
	B11 评审主体的学习和成长	C31 评审机制协调情况	2	1.0	1.1	0.8
		C32 评审体系构建情况	3	1.1	1.2	0.9
		总分	5	2.1	2.3	1.7
合计			100	68.1	65.7	58.8

省、市、县三级样本地区政府购买公共服务的主体行为评价得分分别为 68.1、65.7 和 58.8，省级得分最高，市级得分次之，县级得分最低。为了进一步分析问题，本书将二级、三级指标得分低于总分 60% 水平的界定为得分偏低，四个评价维度得分情况是：

第一，社会公众维度。在三级样本地区社会公众维度的得分中，省级样本地区最高 19.5 分，市级样本地区 19.3 分，县级样本地区 16.9 分。二级指标中参与度和满意度指标均达到标准，三级指标中对购买政策的了解程度、购买决策参与度、服务评价报告反馈度指标得分偏低。

第二，公共财政维度。公共财政维度是四个一级指标中得分最高的，然而在具体的三级指标中，有些财政资金使用相关的指标，如资金时效性得分分别为 1.4、1.3 和 1.2，社会效益得分分别为 3.9、3.6 和 3.3，得分相对偏低。

第三，内部流程维度。在内部流程维度下，主体分工行为指标的得分高于主体协作行为指标的得分，行为主体共识指标中市级、县级得分偏低。

第四，学习和成长维度。学习与成长指标是四个一级指标中得分最低的。

总分20分的前提下，省级样本地区得分最高也只有10.6分，县级样本地区得分仅有8.2分。具体到二级指标，购买主体的学习和成长指标相对较高，其他主体的学习和成长指标相对较低。三级指标中社会力量的发展情况、社会力量的承接能力、评审机制协调情况和评审体系构建情况得分偏低。

政府购买公共服务主体行为的评价结果为了解主体行为实践的成效和分析主体行为存在的问题提供了依据。主要基于主体行为评价体系中二级、三级指标的得分情况，本书对主体行为存在的问题进行概括和分析。

6.2.2 购买主体：购买服务的能力还有待提高

主体行为评价体系中和购买主体行为相关的指标包括社会公众维度下参与度和满意度两个二级指标，公共财政维度下财政资金筹集、财政资金使用和财政资金绩效三个二级指标，内部流程维度下主体分工情况和主体协作情况两个二级指标，学习和成长维度下购买主体的学习和成长一个二级指标，具体得分情况如表6-7所示。二级指标中社会公众参与度、内部流程，三级指标中购买范围满意度、法律法规体系构建、制度建设情况、信息获取情况得分偏低，反映出购买主体行为方面还存在以下五个方面的问题。

表6-7　购买主体行为相关的评价指标得分情况

评价指标	社会公众维度		公共财政维度			内部流程维度		成长和学习维度
	社会公众参与度	社会公众满意度	财政资金筹集	财政资金使用	财政资金绩效	主体分工情况	主体协作情况	购买主体的成长和学习
平均分（总分）	4.2（10）	14.4（20）	3.5（5）	8.2（10）	7.6（10）	6.3（10）	10.5（15）	3.5（5）

（1）法律法规体系还不健全。

最近一段时期我国政府已经陆续出台了一系列的意见、通知、指南类制度来规范和指导政府购买公共服务的主体行为，然而与蓬勃发展的购买服务实践相比还不够健全。第一，现有的制度规范立法层次较低，法律效力较弱。目前我国还没有颁布专门的《政府购买公共服务法》，政府购买公共服务实践主要参照《政府采购法》。相关法律的欠缺损害了主体行为的正当性和合理性，也不利于对主体行为的调整、规范和监督。第二，现有的制度规范还不够完善。地方政府依据本地区公共服务供给实际下发的文件和指导意见表述相对笼统、可操作性低，在财政资金管理、购买服务流程、承接服务的资质规定、购买范围与内容等方面缺少明确的依据和标准。购买服务制度的不完善使得对参与主体行为的监督和管理缺少依据，影响了主体行为的成效。第三，地区间制度差异较大。购买服务制度地区间差异主要体现在一些细节性的规定上，如信息公开方式、购买服务的目录、承接主体的甄选标准、购买服务的合同条文等。这些差异不利于在全国范围内形成一个统一的购买服务市场和平台，人为地缩小了承接主体的选择范围，不利于形成有效的竞争，降低了购买服务的效率。

（2）配套制度建设还需要进一步完善。

配套制度的欠缺，导致政府购买公共服务的政策环境培育还不充分，社会现实中还存在着一定的政策阻力，政策的实际效果和可持续性都大打折扣，很大程度上影响了政策目标的实施。

一是管理体制还未建立。作为一项涉及面甚广的新制度，政府购买公共服务在管理体制建设方面还不完善，确立统一规范的政府购买公共服务管理体制是制度运行中亟待明确的重要问题。现行的政府购买公共服务实际上是由各级政府、各个部门分散自行完成的，各级政府、各个部门之间有关购买服务的权责边界还不明确，规范化的管理体制还未建立起来。这也造成了制度运行中管理漏洞的存在，监管权责不清，监管不力的现象比较普遍，造成政府花钱购买的公共服务质量不佳、资金使用效率不高、出现道德风险防范不利的问题。

二是预算管理制度不够完善。政府购买公共服务资金的预算编制，是政府购买公共服务资金管理的主要依据。公共财政维度下，财政资金筹集、财政资金使用和财政资金绩效等三级指标得分相对不高，反映出政府购买公共服务的预算编制制度还不够完善。在收支分类上，公共服务几乎涉及所有重要领域。但在现实中，常常存在一个部门实际提供多种服务，以及同一服务由多个部门提供的交叉情况。由此在以部门作为预算编制与执行的基本单元的条件下，难以有效编制政府购买公共服务预算，造成预算管理制度还不能满足政府购买公共服务改革的需要。

（3）购买服务的范围相对集中。

目前，政府购买公共服务的内容多集中在弱势群体关爱、特殊群体帮助和社区服务等领域，范围比较有限。政府购买的内容过于宽泛也在一定程度上限制了购买服务的范围。地方政府出台的政策文件中，基本公共服务事项一栏中只粗略地列出交通运输、公共体育、公共文化、医疗卫生、人才服务、社会保障等项目，服务目录设置较为宽泛，购买内容的边界标准还不够清晰。由于内容不够细化，购买主体执行购买是缺乏明确具体的购买目标，只能在实践选择一些相对熟悉的服务进行购买，限定了购买服务的范围。

（4）购买服务的流程有待规范。

根据依法行政原则，政府购买公共服务的流程必须做到程序正当、公开透明，唯其如此才能确保购买行为有序进行。目前我国政府购买公共服务活动较为缺乏公开规范的流程。购买流程的不公开，一方面违背了公众参与的基本原则，剥夺了社会公众对购买信息的知情权和对购买过程的监督权；另一方面，流程设计的缺陷使得购买主体的行为缺少监督，其公平公正性无法得到保证，容易滋生以权谋私等腐败现象，损害国家和社会公众的利益。购买流程的不规范，一方面限制了各参与主体履行自身职责的能动性，影响主体的分工效果；另一方面不利于各参与主体在流程衔接过程中的协作与配合，影响主体间的协作购买。

（5）信息获取的难度较大。

购买主体对政府购买公共服务相关信息的获取是做出购买决策、制定购买计划、执行购买服务和评估购买绩效的前提。购买主体当前在信息获取方面还面临着一些障碍，获取难度较大。

首先，使用主体的需求是政府购买公共服务活动的逻辑起点。现实中由于存在着信息不对称，购买主体往往难以在使用主体多层次的公共服务需求中准确甄别出轻重缓急，因而难以据此确定不同服务需求的满足次序，并最终落实到购买公共服务的供给中。

其次，从承接主体获取有关资质、信誉和能力的信息。受承接主体类型多样化、市场竞争不充分性以及社会组织发育程度较低等因素的影响，购买主体在筛选承接主体的资格条件和生产能力方面可能难以做出正确的决策，进而影响公共服务的生产质量。

最后，从评审主体获取有关评估结果的信息。政府购买公共服务是一个动态循环的过程，评审信息及其反馈既是购买主体、使用主体和承接主体运行状态的折射，也是进一步规范各个主体行为的参考依据。鉴于评审还处于政府购买公共服务体系的边缘，其机构的设置、指标的构建特别是第三方评估机制的建设等都相对滞后，因而直接制约了政府购买公共服务的有效性。

6.2.3　使用主体：参与购买服务力度亟须加强

主体行为评价体系中和使用主体行为相关的指标包括社会公众满意度维度下参与度和满意度两个二级指标，内部流程维度下主体分工行为和主体协作行为两个二级指标，成长和学习维度下使用主体的学习和成长一个二级指标，得分情况如表 6－8 所示。二级指标中社会公众参与度、三级指标中社会公众参与能力、专门的救济渠道指标得分没有超过总分的 60%，说明使用主体行为在以下三个方面还有需要改进的地方。

表 6－8　使用主体行为相关的评价指标得分情况

评价指标	社会公众维度		内部流程维度		成长和学习维度
	社会公众参与度	社会公众满意度	主体分工情况	主体协作情况	使用主体的成长和学习
平均分（总分）	4.2（10）	14.4（20）	6.3（10）	10.5（15）	2.6（5）

（1）参与意识还需增强。

参与意识的强弱是影响使用主体的履行职责和发挥作用的重要因素。使用主体作为购买服务的最终消费者和实际使用者，是委托购买主体购买服务的一方，却对代理人的履约情况相对漠视。一方面，使用主体不愿花费时间、精力参与公共服务购买的事前咨询、事中监督和事后评估。另一方面，使用主体不愿主动争取相应的权利。以社区公共服务供给为例，服务的水平和质量事实上与社区内每个居民的生活息息相关，可是在实践环节只有少数社区居民，且多为退休人员或原社工人员，积极参与购买服务范围、内容的决策乃至效率的评价。大多数的社区居民对政府购买公共服务的态度是不主动、不参与。这一系列的行为表现都折射出使用主体参与意识还需要进一步增强。

（2）参与购买能力有待提高。

社会公众参与意识的增强是前提，参与能力的提高才是关键。无效参与不仅提高了政府的成本，也无法真正发挥社会公众的作用。按照政府购买公共服务的流程来划分，使用主体参与能力的不足主要体现在以下两个方面：

一方面，购买服务前对购买信息的掌握有限。对称的信息既是使用主体有效参与的前提，也是保障使用主体知情权的必然要求。当前政府与社会公众之间存在严重的信息不对称现象，在我国地方政府购买公共服务的过程中，政府相关信息无法真正做到公开和透明，违规、暗箱操作行为时有发生。

另一方面，沟通渠道单一。在政策法规层面，目前使用主体在购买决策时的参与权、服务过程中的监督权和购买结束后参与反馈的权利缺少相应的政策依据，在政府购买公共服务制度安排中也没有关于使用主体权利和义务的内容。在具体实践层面，与传统服务提供方式相同，使用主体仍然被视作公共服务的被动接受者。政府购买公共服务的制度设计既是为了提高供给公共服务的效率，也是为了提供更符合使用主体意愿的公共服务。因此，忽视使用主体的作用和地位的观念和做法与购买服务的宗旨背道而驰。

（3）缺少专门的救济途径。

政府购买公共服务救济制度，是指在政府购买公共服务过程中各参与主体及其利害相关关系人的合法权益受到或即将受到侵害时，为了确保自身权益实现，通过排除侵害、督促履行、补偿或赔偿损失等方式或程序对受侵害主体的合法权益进行法律救济或事实行为的制度。目前我国政府购买公共服务实践主要参照《政府采购法》来规范和指导。同样地，政府购买公共服务救济制度也是参照了政府采购的救济制度。在政府购买公共服务救济制度中，购买主体可以以购买合同为依据，采用民事诉讼、仲裁、调解和和解等方式主张自己的权利，承接主体也有询问、质疑、投诉乃至行政复议、行政诉讼的救济途径。唯有使用主体却缺乏专门的救济途径，导致了使用主体参与服务购买较少。使用主体专属救济途径的缺失，导致当自身权益受到侵害时，使用主体难以排除侵害、敦促履行和获得赔偿，从而维护自身的合法权益。

6.2.4 承接主体：承接生产服务效能相对较低

主体行为评价体系中和承接主体行为相关的指标包括社会公众维度下社会公众满意度一个二级指标，内部流程维度下主体分工行为和主体协作行为两个二级指标，成长和学习维度下承接主体的学习和成长一个二级指标，得分情况见表 6－9。二级指标承接主体的学习和成长、三级指标中社会力量的发展情况、社会力量的承接能力得分偏低，反映出承接主体行为在以下三个方面还有待进一步规范。

表 6－9　　承接主体行为相关的评价指标得分情况

评价指标	社会公众维度	内部流程维度		学习和成长维度
	社会公众满意度	主体分工情况	主体协作情况	承接主体的学习和成长
平均分（总分）	14.4（20）	6.3（10）	10.5（15）	1.9（5）

（1）承接能力提高受到制约较多。

承接主体的承接能力是提高政府购买公共服务质量和效率的关键因素。目前，承接主体的承接能力主要体现在是否具备承接资质、运营经费是否充足、人员构成是否合理等方面。具体地，承接能力的提升还受到以下三个方面的制约：

第一，资质危机。购买主体通过设置承接主体准入条件来确保承接主体提供公共服务质量和效率。我国部分地区对承接主体的准入条件作出了规定，承接主体只有具备了相应的资质才可以参与承接服务的竞争。其中一些资质现阶段承接主体难以具备：

一是身份资质。公共服务的承接主体应包括自然人、社会组织、企业、事业单位甚至政府部门，但是我国现有的相关法律规制规定中，把承接对象限制在民间组织的范畴而排除了其他组织形式的社会力量。较为典型地，上海市静安区把承接主体的范围限制在经区民政局依法登记的社会团体或民办非企业单位。一些社会力量囿于自身身份，不具备承接公共服务生产的资质。

二是条件资质。有的地方对资质条件虽有规定但又过于抽象和简单，有的甚至不作要求。在实践中有的资质规定相对抽象，承接主体难以理解和操作。有的规定并不明确、统一，导致承接主体不知道如何才能达到要求、具备这些条件，乃至承接程序不够规范。

第二，经费不足。充足的经费是社会力量正常运转的必要前提。民办社工机构的资金主要来自于发起人的出资，少量获得境内外基金会的资金支持。机构成立后主要依靠承接政府购买社工项目或社工岗位获得所需资金。实践中民办社工机构因制度体制约束、社会认知度较低，一方面难以通过向社会公开募集获得资金，另一方面也很难为社会公众、企业提供收费性服务。单一的财政资金来源是制约其发展的主要瓶颈，承接购买服务的资金不足以支持民办社工机构的运转。很多社工机构由于资金来源单一，片面依赖政府资金，一旦不能承接政府购买公共服务的项目将会形成较大的财务风险，直至经营困难甚至无法继续正常运营。

第三，人才匮乏。承接主体现有的人员结构还不合理，具有专业背景的员工较少，员工构成中专职人员较少，相当比例的从业人员是兼职的，员工流动性较大，难以进行系统地业务培训。实践中，相比 CPI 的上涨，社工工资的增长速度较慢，一些社工工资甚至达不到规定标准，影响了社工机构吸引优秀人才。人才的匮乏制约了社会力量的发展，社会力量的现状进一步吸引不了人才，形成恶性循环。因此，能否打破人才匮乏的僵局对社会力量作为承接主体提高承接能力至关重要。

（2）尚未形成竞争性市场。

购买主体在选择承接主体时，不是面对一个有效的竞争市场。公共服务作为公共物品或是准公共物品，在以往的市场上很少由社会力量参与和生产，其供给和消费的特殊性也决定了其生产在客观上很难形成一个竞争性的市场。

第一，缺乏竞争水平较高的市场主体。我国社会组织一方面难以形成市场竞争主体。据调查，在人口仅有 700 万的香港，有超过 1 万家民间组织参与其中，而人口超过 1300 万的广州，仅有 34 家社工服务机构出席参加公共服务购买洽谈会竞投[①]。另一方面现有竞争水平较低。民政部门对全国社会组织的评估结果反映出社会组织的承接能力相对较弱，还不能成长为市场竞争主体。2007 ~2015 年，民政部评估了近千家全国性社会组织，其中能力较强评为 5A 等级的仅占 10% 左右，4A 等级的约占 30%，更多的社会组织被评为 3A 及以下等级，处于勉力维持的状态[②]。没有一个完善的竞争性市场作为支撑就很难有足够多的具备资质的承接主体参与公共服务生产，进而承接主体也就不可能通过充分竞争的方式来获政府购买公共服务的合同订单。由于市场竞争机制不够充分，一些公共服务生产存在被特定承接主体所控制和把持而形成市场垄断的情况，这种缺少竞争压力的情况进一步导致财政资金使用效率低下，公共服务供给不足和服务质量难以保证。

第二，地区间承接能力差异较大。目前我国社会组织公共服务供给主要表现为大城市供给多于小城市、省会城市供给多于其他地级市、市政府所在县区供给多于其他县区，出现严重的地域不均问题。服务生产要素的分布情况和流动性是导致社会组织服务供给不均的主要原因。发达地区集中了社会

---

① 欧阳航，赵月，杨舒慧. 供给侧改革视角下政府购买公共服务的现实困境与解决路径——基于广东省三地市的实证研究［J］. 中国市场，2017（9）.

② 数据来源于民政部网站。

组织产生和发展的诸如技术和资金、人才、各类劳动等多种生产要素，从而使得社会组织的分布集中在发达地区，存在严重不均。发达地区很多早已委托给社工组织开展的社区服务，在一些欠发达地区仍由政府主导实施。这一问题已极大地限制了相关地方政府推进向社会力量购买公共服务的进程。

（3）独立性较弱。

现阶段承接主体与政府的关系对其能否承接到政府购买公共服务的项目影响很大。上海市承接主体的法人背景如图6－1所示。承接主体法人是公务员或是退休公务员的占41.57%，事业单位的占21.07%、政府的占8.43%，纯粹的民间组织仅仅占到27.74%。

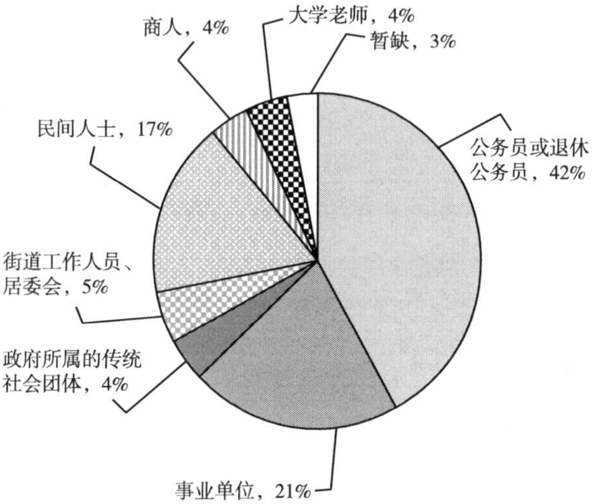

图6－1　上海市承接主体的法人背景

资料来源：管兵，夏瑛．政府购买服务的制度选择及治理效果：项目制、单位制、混合制［J］．管理世界，2016（6）：24－39.

广州市承接主体基本上是民间力量。如图6－2所示，其中大学和大学老师作为发起人的比例最高，其次是专业社工人士。

目前政府购买公共服务的承接主体大多与购买主体具有千丝万缕的关系，或是在资金上接受财政部门的支持，或是在行政体系中隶属于政府部门的管辖。因此政府购买公共服务方式多采用典型的非竞争性购买。这不仅在很大程度上无法为所有的承接主体提供公开、透明、平等的竞争机会，限制了承接主体规模的发展和结构的优化，而且事实上强化了承接主体对购买主体的依附关系，造成公共资源的浪费。

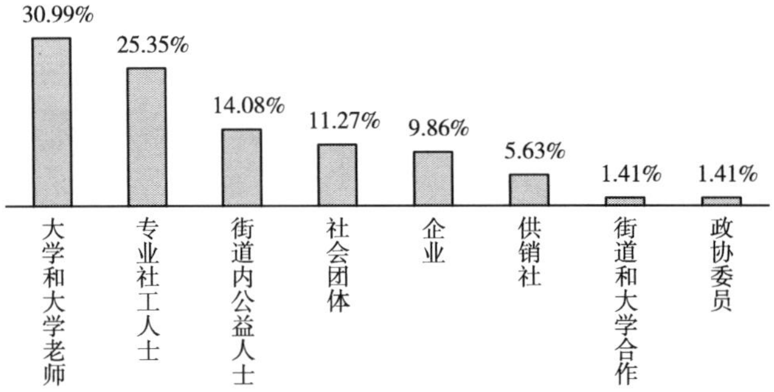

图 6-2 广州市承接主体的法人背景

资料来源：管兵，夏瑛. 政府购买服务的制度选择及治理效果：项目制、单位制、混合制［J］. 管理世界，2016（6）：24-39.

6.2.5 评审主体：监督评审制度建设还需完善

主体行为指标评价体系中和评审主体行为相关的指标包括社会公众满意度维度下参与度一个二级指标，内部流程维度下主体分工行为和主体协作行为两个二级指标，成长和学习维度下承接主体的学习和成长一个二级指标，得分情况见表 6-10。二级指标评审主体的学习和成长、三级指标中评审机制的协调情况、评审体系构建情况得分偏低，反映出评审主体行为在以下两个方面还有需要进一步规范之处。

表 6-10 评审主体行为相关的评价指标得分情况

评价指标	社会公众维度	内部流程维度		学习和成长维度
	社会公众满意度	主体分工情况	主体协作情况	评审主体的学习和成长
平均分（总分）	14.4（20）	6.3（10）	10.5（15）	2.0（5）

（1）内外部评审机制还不协调。

规范意义上的政府购买公共服务评审主体应包含内部评审和第三方评审，只有二者相辅相成，共同配合才能切实保障政府购买公共服务的高效运转。当前我国政府购买公共服务的内外部评审机制还有需要进一步协调和规范的地方。

首先，评审主体还不明确。当前囿于财政监督机制建设相对滞后，有限的政府部门内部监督评审发挥主导作用，造成预算的约束力不强，而独立的第三方评估机制普遍没有建立，特别是还没有切实将已有的具有丰富评审经验、专业知识、运作良好的社会评估机构纳入到评审主体中。实践中第三方评估的专业性、独立性优势往往得不到有效的发挥。浙江省 2011 年出台的《杭州市社区（村）居家养老服务标准（试行）》中要求各区民政局应及时组织专人或第三方对居家养老服务实体的服务质量予以监督考评，但其在标准中的“第三方”并不具体明确。

其次，评审目标多元化。在实践中，评审主体既要保证财政资金使用的合理性，又要注重公共服务供给的经济与社会绩效。这些多元化的目标增加了评审的难度。除此之外，政府购买的诸如医疗、养老、文化、体育、教育等服务成本收益核算复杂，且有时难以量化，也增加了评审的难度。

再次，评审职权分散。对于承接主体的评审离不开财政、审计、纪检、民政、工商等部门的共同参与。在实践中多头监管却出现了互相推诿而导致的“真空地带”。

最后，评审合力缺乏。内外部评审当前还各自为战，且当前以内部评审为主。这一缺陷突出表现为评审主体没有发挥有效作用，过度依赖内部评审发挥作用，独立的第三方评审机制的缺位现象。

（2）绩效评审体系还不够科学。

全面的评审对象、明确的评价标准、多样的评价方法和有效的评价指标体系是构建科学评审体系的主要因素。当前，绩效评审体系的构建还存在以下问题：

第一，评审对象还不全面。目前从评审主体的实践来看，公共服务承接主体是主要的评审对象。除了对承接主体的服务绩效评估和监管外，评审主体没有对相关政府部门进行评估。制度上政府的责任与义务界定不明晰，政府的行为缺少来自于评审主体的监督和评估。

第二，评审标准还不明确。在评价购买服务绩效时，不可避免的涉及服务质量的标准问题。评审标准贯穿于政府购买公共服务需求确定、购买过程和结果评价全程。如果缺乏明确的服务标准，政府购买公共服务的目标、过程和结果都有可能无法进行有效性判定。现阶段我国政府购买公共服务的评审标准制定存在着较大分歧，评审标准的不明确，使得绩效评审缺少可靠的评审依据。

第三，评审方法的选择相对集中。评审指标体系不同所使用的评审方法也有所不同。评审方法主要有：基于 DEA、FDH 与 SFA 的效率评审方法、基于多元回归与结构方程的结果评审方法和基于 ACSI、ECSI 与 SCSB 的民众满意度评审方法。我国评审主体现阶段运用 DEA 和 SPSS 分析方法较多。具体的评审对象不同，评估方法也随之发生变化。评审主体对评审方法的选择相对集中，不能充分发挥各种评审方法的优势，采用最合适评审对象的评估方法。

第四，尚未建立有效的评审指标体系。政府购买公共服务的绩效评审是一项具体而又复杂的工作，评审主体在建立评审指标体系时既要注重经济效益，又要重视社会效益；既要考虑当前发展，又要确保可持续发展；既要保证局部发展，又要顾全全局利益。依据价值取向分类，评审指标体系可以分为以效率导向的、以结果导向的和社会公众需求导向的三种评审指标体系。考察我国评审主体行为实践，结果导向的评审指标应用较多、效率导向的评审指标应用次之、社会公众需要导向的评审指标运用最少。在具体实施，特别是指标体系的设计上，缺乏统一、可操作性的方案与标准，导致公共服务品质下降和社会公众对政府购买公共服务的公信力下降。

6.2.6 协同机制：协同推进购买存在多重约束

在地方政府购买公共服务中多元主体协同机制取得了较大突破，但仍然存在诸多问题，逆向制约了政府购买公共服务过程中“四位一体”的协同推进，限制了政府购买公共服务水平的提升。主体行为评价指标体系中与政府购买公共服务主体的协同推进相关的指标主要包括政府购买公共服务内部流程维度下主体协作行为这一二级指标，三级指标购买流程的标准化、购买流程的便捷度和购买流程透明度得分偏低，反映出政府购买公共服务主体的协同推进还有不足之处。

（1）权责不对等影响协同成效。

协同机制的成效是政府购买公共服务四元主体在主张权利、履行职责基础上交互作用的结果。现阶段，四元主体权责不对等问题影响了协同成效的发挥。政府购买公共服务的协同机制中，购买主体处于相对优势地位，权利较大、责任较为明确，主导了政府购买公共服务的协同推进。然而，其他三个主体权利还未明确且相对较小，责任划分还不明晰，从而较为被动地推进协同购买。四元主体权责不对等一方面弱化了对购买主体的监督和约束，加大了其寻租的可能性和危害性；另一方面限制了其他三个主体的资源和能力优势的发挥，影响主体行为的效果。因此，四元主体权责不对等问题极大地影响了协同机制的有效运转，进而制约了协同成效的发挥。

（2）利益冲突削弱协同基础。

政府购买公共服务的协同机制中，主体行为虽然在预期目标上具有一致性，但是在具体实践中交织着四元主体相对多元的利益取向。政府购买公共服务制度为四元主体参与到公共服务供给领域提供了制度上的可能，在一定程度上缓和了供给主体单一化与服务需求多样化之间的矛盾，但也带来了主体间利益分配的复杂性。政府购买公共服务的参与主体越多，主体成分越复杂，主体间利益取向的差异也就越大。主体间利益取向的差异一旦异化为主体间的利益冲突，将对政府购买公共服务主体行为的协同机制带来以下两个方面的利益冲突。

第一，主体构成不同引起的利益冲突。政府购买公共服务四元主体分别由不同的利益群体构成，在政府购买公共服务过程中，利益取向的不同会引发利益冲突。如承接主体片面追求自身效用最大化，在服务承接过程中降低服务供给质量，损害使用主体和购买主体的利益，形成利益冲突。这一冲突直接影响到供给服务的质量和社会公众的满意度，增加了交易成本、不能实现社会福利的帕累托改进，违背了协同购买的预期目标，削弱了协同机制的基础。

第二，委托方与代理人的利益冲突。政府购买公共服务主体因主体间存在多重委托—代理关系，大致可以分为委托方和代理人两类。由于委托方和代理人信息的不对称以及委托方对代理人激励约束机制的失效，代理人追求利益的行为偏离委托人的目标，从而形成二者之间的利益冲突。如购买主体的购买行为偏离使用主体的委托目标，倾向于购买政府绩效考核中强调的服务项目，不能满足使用主体当前对公共服务项目的迫切需求，引发了购买主体和使用主体的利益冲突。这一冲突偏离了政府推行政府购买公共服务以提高公共服务供给效率、满足社会公众需要的政策目标，也就从根本上削弱了协同购买的基础。

因此，主体间的利益冲突在很大程度上违背了政府购买公共服务主体行为的初衷，削弱了协同机制的基础。利益分配机制的缺陷和协调机制的不完善，不能有效防止主体间的利益差异上升为主体间的利益冲突，从而对主体行为协同机制的推进设置了障碍。

（3）规范缺失制约协同合作。

主体行为的协同机制还缺少相应的制度来规范。实践中协同机制规范的缺失主要体现在：第一，监督性规范缺失。协同机制中的主体行为都应该纳入到监督范围中来。缺少监督的行为容易脱离协同机制的控制，违背协同机制的预期目标。我国目前对主体行为的规范相对前置，通过设定较高的加入门槛来影响主体行为，而对加入后的行为规范相对较少。

第二，合作性规范缺失。政府购买公共服务制度在一定程度上重视了四元主体内部的联系建构，却忽视了四元主体的合作，特别是有关和谁合作、怎么合作、合作内容等问题尚未明确。合作性规范的缺失，使得主体行为各行其是，缺少联系和沟通，协同推进困难较多。

第三，互动性规范缺失。相对而言，政府部门在购买服务的协同推进中具有较大的话语权，在政府部门的主导下建立了一些规范性制度，其他主体的话语权相对受到抑制。其他主体只能在政府的上位制度基础上制定一些较为具体化的操作性规则。此外，政府单方面规定或直接参照政府部门制定了组织结构、资金使用、人才培养等方面的具体制度。互动性规范的缺失影响了主体协同推进购买服务的积极性，限制了主体行为的主动性，不利于协同制度的规范和完善。

（4）参与无序模糊协同关系。

协同机制的建立集合了多元主体的力量，发挥了多元主体的优势。需要明确的是，这种参与协同行为是基于一定制度约束的有序的主体行为，而不是无序的、绝对自由的行为。目前由于协同机制的构建刚刚起步，主体参与政府购买公共服务还有一些无序的现象出现。第一，购买主体执行购买行为的无序。信息公开是购买主体执行购买的一个必要环节。购买主体信息公开行为存在无序问题，使得其他主体难以及时获得购买服务的相关信息，协同机制的推进缺少必要的信息支撑。第二，使用主体参与购买行为的无序。使用主体参与购买服务的行为还没有相应的制度支撑和政策规范。民众评议会、监督听证会、信访制度在购买服务领域的应用还不能适应社会公众参与购买服务的要求。第三，承接主体生产服务的无序。承接主体如何获取相关服务招标信息、参与承接主体择优竞争、递交投标材料、资金拨付流程等方面的行为都缺少规范统一的标准。因此，承接主体难以据此为承接生产做好相应地准备工作，承接行为出现无序现象。第四，评审主体评审服务的无序。评审主体的评审指标尚未体系化，评审方法还不制度化，评审流程还没有理顺，这些无序行为极大地影响了评审报告的质量。主体行为不能有序地参与协同机制，模糊了主体间的协同关系，制约了协同购买作用的发挥，影响了协同机制的推进进程。

6.3　主体行为存在问题的原因分析

基于主体行为的评价，本书分析了政府购买公共服务主体行为在分工与协同方面存在的问题。这些问题的出现主要源于主体间信息的不对称和主体行为的激励约束机制机制还不健全。具体地，主体行为存在问题的原因主要包括以下方面的内容。

6.3.1　主体间的信息不对称

政府购买公共服务过程中，主体间信息的不对称引发主体行为的逆向选择和道德风险，影响承接主体的选择、合同的履行和购买服务的绩效。第一，购买主体与承接主体间的信息不对称。购买主体作为公共服务的买方，承接主体作为卖方，双方通过签订购买服务合同确立交易关系。承接主体对于公共服务生产的质量、价格和成本等信息掌握较多。而购买主体在合同签订之前，尽管已经采用多种方式获取承接主体的相关信息，但是对承接主体的资质、能力、信用状况缺乏了解。处于自利的动机，承接主体可能会隐瞒自己的部分信息，从而出现逆向选择问题。第二，使用主体与购买主体之间的信息不对称。使用主体相对较难掌握政府购买公共服务的相关信息，而购买主体具有信息优势。一方面，社会公众的知情权重视程度不够，另一方面社会公众主动获取相关信息的权利意识薄弱，参政议政积极性不高。第三，承接主体与评审主体的信息不对称。承接主体对于自身提供服务情况更为了解，评审主体是信息劣势一方。

主体间的信息不对称引发一系列问题的产生，购买主体与承接主体之间的信息不对称一方面导致承接主体的资质和能力不被认可，难以参与到政府购买公共服务中来；另一方面使得购买主体对承接主体的选择缺少可靠的依据。使用主体和购买主体之间的信息不对称则会导致购买主体对购买服务范围、内容、数量、项目的决策偏离社会公众的预期，降低社会公众的满意度。评审主体与承接主体之间的信息不对称弱化了对承接主体的监管，降低了评审报告的质量，不能准确地对购买服务的绩效进行评价。

6.3.2 主体行为的激励不到位

政府购买公共服务行为的激励还不到位，不能有效地发挥激励方式对主体行为的推动作用。政府购买公共服务主体行为的激励情况可以分别从政府部门和非政府部门两个视角进行分析。

（1）政府部门的有效激励不足。

政府部门的有效激励不足主要体现为制度类激励不足。一是来自于顶层制度设计对地方政府的激励落实还不到位。目前顶层制度设计仅就政府购买公共服务的一般事项作出了指导性的规定，还没有将对地方政府的考核和奖励措施纳入到制度中来。因此，地方政府缺少推行购买服务的制度动力。二是科层制度下上级部门的激励措施不足。现阶段，上级部门对下级单位的绩效考核中，政府购买公共服务的实施情况并不是主要的考核内容，地方政府缺乏来自于上级单位的考核压力。三是官员晋升机制的激励不足。官员晋升机制中，对于官员的考评内容在很大程度上影响到官员的从政行为。晋升机制中涉及购买服务成效的内容不多，也就不能激励官员着力落实购买服务的政策。

（2）非政府部门的有效激励缺乏。

非政府部门的有效激励缺乏主要体现在制度激励不足和财政激励还不到位。一是制度激励不足主要是指在政府购买公共服务的制度体系中，激励主体参与购买服务、鼓励主体发挥自身优势、奖励主体取得行为实效的制度还不完备。就非政府部门而言，还不能从政府购买公共服务制度建设中获取协同推进购买服务的内在动力。二是财政激励不足主要体现在非政府部门参与到政府购买公共服务中，享受到的财政补贴、税收减免、财政奖励、财政风险补偿等政策支持较少。有效激励的缺乏抑制了非政府部门参与政府购买公共服务的积极性和能动性，限制了非政府部门的业务发展和能力提升，影响了主体效能的发挥。

6.3.3 主体行为的约束不匹配

主体行为的约束不匹配主要包括政府部门的制度性软约束和非政府部门的制度性约束过多。政府部门制度性约束不足导致政府部门在政府购买公共服务中出现购买内部化问题，具体表现为购买主体以非竞争方式向非独立的社会力量购买服务现象。这一现象使得购买成为目的而不是手段，影响了公共服务供给质量和效率的提升。非政府部门的制度性约束过多，具体表现为现有制度设计与促进社会力量发展的目标不相适应，制约了社会力量壮大。

（1）政府部门的制度性软约束。

政府部门的制度性软约束主要体现在三个方面：一是自上而下的层级约束乏力。上下级政府具有同构的激励机制和共同的政绩追求目标，很多情况下下级政府的政绩可以直接计入上级政府的政绩范畴。上级部门对下级部门侧重推进绩效考核相关项目的行为缺少约束，对购买服务的行为缺少监督，从而造成自上而下的层级约束乏力。二是外部的社会约束软化。政府部门的行为主体受到外部的舆论约束、公众监督以及第三方机构约束。目前，社会公众对政府部门的约束还没有形成完善的制度，社会公众的监督较为分散，不能形成合力对政府部门的行为进行有效的约束。而第三方机构的监督仍处于摸索阶段，监督机制的规范性和有效性还有待实践的检验，对政府部门的约束还不能起到应有的作用。三是问责机制的约束软化。政府部门行为的约束需要完善的问责机制。由于政府购买公共服务法律的不健全，制度规定的不完善，对于政府部门的职责界定还不够明确。政府购买公共服务过程出现的问题和风险如何评估、责任如何明确，还缺乏相应的制度还规范和指导。因此，问责机制的构建和完善还缺少法律保障和政策支持，不能对政府部门的行为形成有效的约束。

（2）非政府部门的制度性约束过多。

非政府部门的制度性约束过多主要体现在现有制度还不能适应社会力量成长为政府购买公共服务治理主体的实际，对社会力量发展制约较多。非政府部门的制度性约束过多主要表现在：一是非政府部门参与购买服务的门槛较高。现有的政府购买公共服务制度对非政府部门的参与购买服务设置了许多限制条件，如有的地区规定优先从人民团体中选择承接主体，这一规定就将许多非政府部门排除在外。参与门槛过高不利于政府购买公共服务制度动员更多社会力量加入到公共服务供给中来。二是非政府部门参与过程制约较多。当前我国政府对社会组织实行双重管理制度，在很大程度上制约了社会组织的发展，例如政府对基金会进行严格的管制，这样作为一个非营利组织很难取得来自于社会的资金支持。非政府部门的制度性约束过多影响了非政府部门主体行为能力发挥以及行为成效的提升。

第7章 规范政府购买公共服务主体行为的政策建议

政府购买公共服务主体行为的规范是主体职责的履行和优势发挥的必要前提和可行路径，也是转变政府职能、创新公共服务供给方式、提高财政资金使用效率的重要手段。因此，基于主体行为的问题导向，结合问题产生的原因，规范主体行为应主要从主体行为的改进和协同机制的构建两个方面提出具有针对性和可操作性的政策建议。

7.1 购买主体：提升购买服务能力

在政府购买公共服务中，制约购买主体购买能力提升的因素是法律法规体系的构建、配套制度的建设、购买服务范围的界定、购买流程和购买信息等。为此，规范购买主体的行为主要围绕这些方面提升购买服务能力。

7.1.1 健全法律法规体系

健全政府购买公共服务的法律体系是夯实政府购买公共服务的制度基础，完善政府购买公共服务制度顶层设计的重要环节。政府购买公共服务的政策性和实际操作性决定了其购买的全过程都要规范、透明和高效，而这有赖于法律法规体系的支撑。

（1）修订《政府采购法》和制定《政府购买公共服务管理办法》。

政府在深入调研和广泛征求意见的基础上修订《政府采购法》，明确政府购买公共服务适用《政府采购法》。《政府采购法》及其实施条例中有关采购主体、采购对象、供应商、采购方式、采购程序、监督管理等规定，也同样适用与政府购买公共服务。财政部通过研究制定《政府购买公共服务管理办法》，从制度层面进一步规范和推进政府购买公共服务。办法依据中央相关文件的精神，对主体构成、主体职责的划分、主体间协同机制建立、购买流程设计、购买内容细化、购买范围明确、绩效和管理等方面作出更为明确、具体、可操作的规定。对购买主体，应明确各级政府的主体分工、设置及其工作职责，同时把实行科学购买、促进充分竞争作为应承担责任。办法明确地方政府主要负责购买具有地方性的公共服务，而中央政府主要承担购买具有全国性的公共服务的职责。

中央政府购买服务的职责主要包括以下三个方面的内容：第一，进一步制定和修改与购买服务相关的法律法规。中央政府一方面结合购买服务实践需要继续出台相关的国家政策和指导意见，另一方面及时修订和颁布购买服务相关的法律法规，为政府购买公共服务提供可靠的制度保障。第二，合理划分中央与地方政府的购买服务边界。根据公共物品理论，在合理划分中央与地方的事权与财权基础上，确定各级政府分别购买公共服务的内容和范围，进一步优化公共资源的配置。中央政府职责范围内必须承担的服务事项不能下放，必须由中央政府统一购买属于全国范围内的公共服务，如农村劳动力培训、农村基本医疗卫生服务、义务教育等。第三，设置全国购买公共服务的统一标准。中央政府统一制定政府购买公共服务的技术要求与质量标准等，以保证基本公共服务均等化目标的实现以及承接公共服务市场的一体化和规模效应。全国统一的技术要求和质量标准为购买服务项目提供了统一的购买依据，由中央政府制定可以避免购买依据出现重复或是矛盾，从而达到既节约资源又利于执行的制度目标。

地方政府购买区域性公共服务的职责具体体现在：第一，具体执行购买公共服务。地方政府从本地区经济社会发展实际出发，按照中央政府制定相关的法规、政策具体实施政府购买公共服务政策，具体包括地方政府对购买方式的选择、购买流程的设计以及购买服务的内容和范围等。地方政府执行购买一方面要考虑中央政府规定的一般性，另一方面也要考虑地区实际的特殊性。第二，监督和管理地方公共服务的承接主体。地方政府需要依靠专家、中介机构、媒体和社会公众等多方力量，采取多种措施确保承接主体提供的公共服务数量和质量符合购买服务的预期要求。

（2）制定《社会组织法》和修改制约社会组织发展的相关规定。

政府适应社会组织发展的实际需要，应制定和颁布规范社会组织行为、促进社会组织健康有序发展的《社会组织法》。该法一方面应对涉及社会组织的设立、经费来源、职能、组织性质和活动范围等信息做出明确的规定，使得社会组织的成立和经营行为有法可依；另一方面建立社会组织只要活动范围符合法律规定，则只须备案无须登记的社会组织备案制度，以减少社会组织成立的手续，降低社会组织的成立门槛，解决社会组织的身份问题，为其发展提供坚实的法律制度基础。

此外，政府还应对与社会组织有关的《民办非企业单位登记管理暂行办法》《民办非企业单位登记管理暂行条例》以及《社会团体登记管理条例》等办法或是条例的内容进行修改。政府必须立即修改办法或是条例中诸如“限制分支制度”“非竞争性要求”和“双重管理体制”等一定程度上制约社会组织发展的规定。政府还应赋予各省级政府按照本地社会组织发展实际情况进行探索政策制定实践的权力，对较短时间内难以修改的规定进行修正。政府应着力简化社会组织登记备案程序，要求登记备案机关要从促进社会组织发展的目的出发，撤销烦琐的审批程序，减少不必要的登记备案材料，科学设置登记备案程序，使社会组织能便捷完成登记备案工作。

除了完善立法和修订制度外，政府还可以出台相关政策鼓励和培育社会力量的发展。在财税政策方面，一方面将政府购买服务的资金纳入到预算管理中，另一方面依据实践需要制定对社会力量承接公共服务的税收减免等优惠政策，鼓励其扩大投资和生产规模，加快产业升级。政府注意在政策层面采取对社会力量从加强管理和大力扶持两方面的措施进行培育。

7.1.2 完善配套制度建设

购买主体行为的规范需要完善的配套制度。现阶段，购买主体需要对政府购买公共服务管理体制和政府购买公共服务的预算管理制度进一步规范和完善。

(1) 建立规范化的政府购买公共服务管理体制。

政府购买公共服务的管理体制涉及纵向体制和横向体制两个方面。所谓纵向的管理体制，就是要在不同层级的政府、部门之间明确各自在政府购买公共服务中的职责范围、支出权利和监管责任；所谓横向管理体制，就是要在同级政府内部划分不同部门在政府购买公共服务上的权利、责任和义务。而不论是纵向管理体制还是横向管理体制，都要明确体现各级政府和公共部门的受托责任。只有这样，利用政府购买公共服务促进国家治理体系和治理能力现代化才能真正实现。

（2）完善政府购买公共服务的预算管理制度。

政府购买公共服务预算体现了政府购买公共服务的范围和方向，是规范和加强政府购买公共服务资金分配和管理的重要手段。

首先，应在2015年实施的新《预算法》的基础上，将政府购买公共服务预算的有关规定纳入目前正在制定的《预算法实施条例》中。完善我国《招标投标法》，依据政府购买服务的不同期限制定合理的中期预算，与服务提供年限相匹配。

其次，细化预算编制并强化预算约束。一方面，细化购买服务类、款、项，依据地方实际情况科学设定服务需求和目标要求，制定具体购买服务目录，依据该目录制定相应预算表，提高预算编制质量和预算精细化水平，使项目与预算能够准确对接，避免出现预算基金使用不当情况。另一方面，将购买服务纳入政府预算管理，设立统一预算标准，详列服务项目采购预算，中央与地方政府严格按照预算标准制定全面而细致的预算报表，交由人大审核与监督。

在预算编制环节，购买主体要在综合考量购买服务的范围、规模、类型、资金需求水平等因素的基础上，科学稳妥地编制预算，其中的重点是科学测算具体服务项目的购买成本，确定服务项目的支出标准。实践中可以将服务项目按照使用主体的特点分为群体的服务项目和个体的服务项目。个体服务项目的成本核算以人均成本为基础，群体服务项目的成本核算以综合成本核算为准。同时特别要注重和现行的项目预算、政府采购预算的统筹安排，确保总体预算安排的刚性和约束力。

再次，建立预算公开与预算问责制度。购买服务过程中的预算管理、计划申报和审核、合同录入和审核、履约验收和资金支付等环节，政府部门和承接主体应当按照《中华人民共和国政府信息公开条例》《政府采购信息公告管理办法》以及预算公开的相关规定，以线上与线下相结合的方式公开财政预算及部门和单位的购买服务信息，构建和完善购买服务信息化平台。

最后，建立预算绩效评价体系与综合性评审机制。推进绩效预算，在“三公”原则基础之上，建立以财政部门为主体、专家队伍为核心、评估机构为依托、服务绩效为目标的第三方评估制度，汇总相关数据，设立评价指标，逐项打分并分配权重，得出量化评价结果，并分析预算支出情况与绩效结果的匹配度，评价整个购买过程的实施情况与服务质量的提供情况，及时向社会公开验收和考核结果，建立从服务绩效到资金使用绩效的规范化与细致化公示制度，接受社会的监督。

7.1.3 合理界定购买服务的范围

在明晰政府、社会与市场配置资源边界的基础上来界定政府购买公共服务的范围。购买主体以满足社会公众的需求为出发点和着眼点，以购买服务的可行性为依托，结合各地经济社会发展水平及政府购买公共服务需求的差异，因地制宜、因时制宜地确定购买公共服务范围。同时，购买主体随着各地经济发展水平、管理水平、技术手段等因素的变化，以及引致的政府购买公共服务需求的类型、规模、结构、层次的变化，需要对购买范围需要适时地动态性调整。从这一意义上说，政府购买公共服务范围的选择应具有渐进式和长期性的特点。

政府购买公共服务的服务范围还要落实到编制全面、明确、细致和周到的购买服务目录上。购买主体建立完备的购买服务目录，确保信息公开，应当坚持整体与部分、一般与特殊、宏观政策与微观实践相结合的原则，力争实现从中央到地方兼具一致但又有所差异的目录制定。首先，依据政府职能做好顶层设计。在制定目录前，购买主体应当明确哪些职能可以由社会力量承接，哪些职能应该由社会力量承接。应该由社会力量承接的职能需要普遍性的规定，可以由社会力量承接的职能需要灵活性的规定。社会力量的发展情况决定了其职能的承接程度。其次，上级部门只确定普遍性的购买目录，更为具体的细则或是极具地方特色的服务项目由下级部门制定并报上级批准。最后，购买目录中应包含指导价格区间。这一价格并非一般意义上的政府定价，而是指导价格。价格区间由购买主体、承接主体和使用主体共同协商决定。目录中的价格区间应依据服务市场价格的变化而及时进行调整。

7.1.4 规范公共服务的购买流程

购买主体在充分明确相关部门职责的基础上，通过流程设计落实部门职责和界定部门行为边界，从而确保政府购买服务的顺利进行。购买主体通过把政府购买公共服务过程动态化，可将其流程分为事前、事中、事后三部分。

购买主体细化政府购买公共服务的整个流程，规范操作每一步骤、认真执行每一环节，通过程序上的公平正义，最终实现购买结果的公平正义。

第一，事前流程。购买主体在购买服务之前一方面细化购买服务的质量标准、项目实施、资金管理、工作流程、具体购买程序等制度规章，制定组织购买、项目确定、绩效评价、监督管理等实施相关的办法，使购买服务有章可循。购买主体在购买决策之前，通过调研、实地考察、征求意见等形式，完成购买前的服务项目确定、购买数量、资格审查等一系列论证工作。并充分利用市场竞争机制，尽可能地降低行政成本，优化社会资源配置。

第二，事中流程。政府在购买服务过程中预先设定问责与责任追究的执法机关、公示和告知新闻媒体、明确公益认证部门、引入专业评估机构、确立委托服务项目和标准；在购买项目、承接主体等确定后，购买主体应与承接主体按照平等、自愿的原则共同商定合同。约定合同的标的、数量、质量、价款、履行期限、违约责任、争议处理方式等。在服务提供过程中，购买应全力监督承接主体是否按照合同要求进行服务，组织使用主体参与公共服务事项的评估，及时公布专项资金的使用情况等信息，防止政府滥用权力。

第三，事后流程。政府在购买服务后召集专家、企业、事业单位、社会组织和社会公众参与购买服务项目的论证与评估，鼓励社会力量表达自身的利益诉求，并据此进一步对购买政策进行修正。

7.1.5　增强购买信息的完备性和可及性

获取完备的相关信息是科学决策的先决条件。购买主体一方面要扩展信息的可及性渠道，如广泛收集和听取相关部门、单位和个人的建言献策；另一方面采用科学的信息捕捉方法，如在选择承接主体时运用企业采购中供应商理论，即根据采购计划评价和选择供应商、确定价格、与供应商签订合同、收货，依此获取甄别承接主体资质、信誉和能力方面的信息；在对使用主体满意度调查中，选择客户需求分析法、案例法和社会调研法。此外，要重视利用评审报告提供的信息，为今后进一步完善制度，规范购买主体和承接主体行为提供重要参考。

政府购买公共服务的最终目的是向社会公众提供充分高效的公共服务，而实现这一目标的路径就是通过构建和完善需求表达机制来保证公共服务供求的总量与结构平衡。因此需要重视双向需求机制的构建，一方面是自上而下的需求表达。应畅通需求表达渠道，采取多种切实可行的需求表达方式，确保使用主体真实及时地表达制度运行的积极效应、消极效应及对其自身利益的影响，另一方面是自下而上的需求反馈。需求反馈是使用主体需求表达结果的响应，其是否及时以及与预定需求吻合度的大小是影响使用主体需求满足的关键。为此，要紧紧围绕社会公众的需求建立健全购买、生产和评估的信息管理制度建设，并不断增强信息的透明度。

7.2 使用主体：加大参与购买力度

在政府购买公共服务过程中，对购买服务参与力度不够是影响使用主体行为规范的主要问题。因此，使用主体行为的规范主要包含增强参与意识和提高参与能力两个方面。

7.2.1 增强参与意识

在政府购买公共服务制度的推进中，使用主体增强责任意识，拓宽发声的渠道，积极表达自身的诉求，提高参与积极性。第一，使用主体强化参与购买服务的需求管理。在购买主体对政府购买服务项目进行决策时，使用主体积极传递作为被服务对象的意见，将自身真正需要的服务可能列入购买范围，避免某些需求与购买结果发生错位。第二，使用主体参与购买公共服务过程的监督。使用主体不能缺席购买服务的过程监督。使用主体通过政府购买公共服务的预算公开、流程公开和信息公开机制，事前关注预算编制，事中熟悉流程运作，全程跟进信息更新，从而有效实施购买服务的过程监督。第三，在服务质量反馈上重视公众参与。使用主体按照评审制度规定，积极对政府购买公共服务的质量进行评价，并及时反馈给购买主体、承接主体和评审主体。

7.2.2 提高参与能力

政府购买公共服务的活动涉及一些专业领域的知识和技能，因而对使用主体自身素质和能力有一定的要求。例如预算编制的分析需要财政学专业的知识，法律法规的掌握需要法律专业的知识，绩效评价的参与需要对评价指标的设置原因具有一定的了解。因此，使用主体要加强参与政府购买公共服务的力度和成效，需要从以下三个方面提高参与能力。

第一，获取更多购买服务信息的能力。使用主体若要更好地参与购买服务，熟练获取和掌握政府公开的相关信息是必备的能力，只有这样才能明确自身在整个购买服务中所处的环节和应该发挥的作用。社会公众需要了解和熟悉的购买服务相关信息包括：购买服务前公共服务购买目录、民意调查结果、审批程序、政府决策依据、对公共服务承接主体的资质要求以及财政预算资金管理信息；购买过程中公共服务承接主体的信息、竞标过程、评标机制和中标结果以及资格预审信息；购买后社会组织对第三方的评价结果和合同履行情况等。使用主体需要了解这些信息公开的渠道，及时关注相关信息的更新和替换，明确信息所传达的政策导向。使用主体对信息的搜集、整理和掌握能力的提高，可以为参与购买服务提供可靠的信息保障。

第二，有效表达自身需求的能力。为了确保政府所购买的公共服务符合公众的需求，提高财政资金的使用效率，政府赋予社会公众对公共服务的选择权。为此，使用主体需要利用网络、微信平台等媒介，把握政府开展民意恳谈会、征求意见、问卷调查的机会，充分表达自身需求和意愿。在需求表达的过程中，使用主体注意将自己的意愿以购买主体更易理解和接受的方式表达，避免引起由于表达不准确而引发的误解和偏见。需求表达还要讲究策略和方法，使购买主体充分认识到这项服务需求予以满足的必要性和迫切性。自身需求表达能力的提高，是使用主体需求得以满足的前提条件，发挥至关重要的作用。

第三，拓展沟通渠道的能力。使用主体无论是扩展参与的广度还是发掘参与的深度，都需要依赖一定的参与渠道来达成。具体而言，使用主体可以从三个渠道进行参与：其一，参与项目调查。通过项目调查，使用主体在购买前可以发表自己对项目选择的建议和意见，购买中反馈服务项目的供给信息，购买后表达服务项目的满意程度。其二，借助公众热线或公众听证会。这一渠道为使用主体表达对涉及切身利益的项目和规划的诉求，并对当地政府购买活动的执行情况作出及时和准确地反馈提供了便利。其三，使用主管部门提供的投诉渠道。使用主体借助这一渠道可以对购买服务行为中出现偏离政策目标的情况，向政府购买公共服务的管理部门寻求帮助。

使用主体提高拓展沟通渠道的能力，首先要对各种渠道的优势和劣势有足够的了解，明确每一种渠道的适用范围。其次，结合自身需要沟通的信息情况选择恰当的沟通渠道。合适的共同渠道可以帮助使用主体获得事半功倍的沟通效果，反之，则可能会起到相反的沟通效果，不但不能达到沟通的目的，反而会激化矛盾。最后，使用主体及时对沟通的效果进行反馈，协助相关部门畅通沟通渠道、完善沟通机制，从而改善沟通效果。

7.2.3 建立专属的救济途径

使用主体的需求是政府购买公共服务的逻辑起点，使用主体的满意度是逻辑终点。建立使用主体专门的救济途径可以保障使用主体的合法权益不受损害。第一，建立专门的法律救济途径。使用主体依法享有通过法律来起诉并获得赔偿的权利。使用主体采用行政复议、行政裁决、国家赔偿、民事诉讼等法律救济的方式，获得法律援助和支持。第二，建立专门的行政救济途径。当行政机关发生损害使用主体合法权益的行政行为时，使用主体有权请求行政主体审查，要求行政主体在依照法定程序审查后，对违法或不当的行政行为给予补救。使用主体通过采用行政复议乃至行政诉讼的方式维护自己的合法权益。

7.3 承接主体：提高承接生产效能

在承接主体与购买主体的关系方面，政府购买公共服务实质上意味着购买主体与承接主体之间既要各归其位，又要建立新型的合作伙伴关系。这一新的制度框架表明对二者的关系需重新进行定位，即承接主体在政策和方向上与购买主体保持一致的前提下增强其具体操作的相对独立性。

7.3.1 加快能力建设

承接主体的能力建设是提高承接生产效能的基础环节和前提条件。承接主体的能力建设主要包括公信力建设、治理能力建设、发展经费筹集和人才队伍培养等四个方面的内容，加强公信力建设是前提，加快治理能力建设是核心，多渠道筹集发展经费是关键，人才队伍培养是保障。

（1）加强公信力建设。

承接主体的公信力是指承接主体凭借其在组织运行中诚信、可以预期和透明的行为以及从事公益事业的绩效，所获得的社会公众广泛的支持和信任。承接主体公信力的建设主要目标是承接主体公信力的大幅提升。承接主体可以从以下几个方面提升自身公信力：第一，明确组织设立的使命、阐述组织愿景、确立组织发展的战略方向。组织使命可以使社会公众了解到组织职责，组织愿景向社会公众表达了组织发展的目标，战略方向则向社会公众表明了组织的发展路径，从而实现迅速建立信任度和公众形象的目标。第二，培训和提升员工素质，提高服务供给质量和效率。承接主体的公信力建立在自身服务能力的基础上，高质量的服务是提升社会公众赞誉度和满意度的核心条件。承接主体通过高质量的服务获得社会公众的支持和认可，从而为下一阶段承接更多公共服务积累经验。第三，培养和增强组织和员工的社会责任感。承接主体应以提供高质量的公共服务为己任，并将这一社会责任转化为员工的使命和责任，增进员工对所从事工作的理解、认同和努力。第四，加强组织文化的诚信意识。承接主体统筹考虑组织内部员工与外部相关人员的利益，使其相信组织资金具有有序的管理、较高的使用效率。

（2）加快治理能力建设。

购买主体设置的承接主体准入的首要条件是看其是否具有提供公共服务的内部治理能力，具体体现为服务价格低、质量优、能力强、发展潜力大等。承接主体的内部治理包含内部治理结构和基本制度措施两个核心模块。承接主体治理能力的提升一方面要优化内部治理结构，即合理划分秘书长与会员秘书处、监事会、理事会以及代表大会等机构之间的职责并处理好他们之间的关系；另一方面要严格遵守组织行为准则、管理章程和职业道德，加强自身自律性和责任意识，制定能力提升的服务内容和阶段目标。承接主体通过加强治理能力建设提升治理能力，从而符合准入条件参与购买服务的竞争。

（3）多渠道筹集发展经费。

足额经费的支持是承接主体发展的物质基础和前提条件。承接主体通过多个渠道筹集发展经费才能确保资金来源可靠、分散资金筹集风险。其一，把政府资金作为主要收入来源。随着政府购买公共服务的推进和经济的发展，承接主体大量兴起并迅速发展，承担着越来越多的公共服务生产职能。因此，通过承接公共服务生产来获得政府资金支持是承接主体主要的收入来源。其二，加强自身经营能力。服务收费是许多国家承接主体的重要收入来源。社会力量遵循市场经济原则，充分利用自身的专业优势，拓宽服务范围，取得各项合理的收入。其三，募集慈善捐款。承接主体中的非营利组织通过募集慈善捐款，支持提供公共服务的项目运转。非营利组织加强自身制度建设，规范工作的方式方法，保证资金使用的公开化和透明化。

（4）专业人才队伍培养。

为了切实发挥承接主体的作用，目前亟须构建衡量公共服务生产质量的指标体系，加大系统的组织培训力度，进而为承接主体提高专业化水平提供指导规范和人力资源的保障。一是密切联系高校和科研单位，建立长期合作关系。承接主体通过与高校及科研单位的合作，引进技术型人才，开展技术培训，提高员工专业素质和技术；通过引进先进的设备，发挥技术人员特长，搭建专业技术服务咨询平台，增强承接主体技术竞争力。二是发挥高校人才培养的优势，推行订单式教学，签订校企合作协议要求学校按照提供公共服务的需要培养学生，使得毕业生的适应能力和市场竞争能力都有较大提高。三是建设社会服务人才储备库，完善员工的薪酬福利制度，健全合理的人才激励机制，鼓励员工积极提升专业素质水平与职业能力。

7.3.2 推动行业良性发展

承接主体提升公共服务生产能力是开展政府购买公共服务的基础，而达到市场准入的标准、更好地接受市场竞争考验则是社会组织能够成为承接主体的前提。针对当前社会组织的发展状况，培育竞争性承接主体是当务之急。在社会力量方面，对于已经具备资质要求的承接主体，应抓住国家大力推进政府购买公共服务的机遇，进一步树立正确的服务意识，积极发挥自身服务生产优势，提升自主发展和自我管理能力；对于尚不具备资质要求的社会组织，要在熟悉、掌握相关制度要求的基础上，不断完善治理结构，改革和规范自身管理运行机制，从而尽快被纳入到承接主体中。

行业良性发展需要从以下三个方面推动：一是建立行业自律公约。行业的良性发展离不开行之有效的制度约束，除了国家社会层面的制度外，行业也要结合承接服务的特点及发展趋势，成立行业协会、制定行业内的自律公约来约束行业内各组织的承接服务行为。二是鼓励行业内部良性竞争。竞争带来效率已成为组织发展的共识，唯有有序的竞争才可以激发组织的积极性和创新性。行业内鼓励组织间在承接服务时良性竞争，防范可能发生的恶性竞争、互相拆台行为，避免造成资源的浪费和配置的低效。三是促进行业内组织交流与合作。在政府购买公共服务过程中，有些服务项目因其多元性、特殊性需要行内多个组织合作承接，此时，行业机制应促进组织达成合作意向，并在合作过程中监督组织行为，从而达成合作承接的目标。

7.3.3 提高组织的独立性

承接主体提高自身独立性一方面要依靠国家法律法规和政策支持，另一方面主要还在于自身信用的提升和社会认可度的提高。因此承接主体独立性建设最终还是要落脚在加强行业自律、增强自身实力、提高服务水平上。承接主体的独立性作为立足社会服务的基础能力，是不可忽视的一项重要任务，具体可以从以下几个方面入手：一是身份独立。承接主体要从源头上切断与政府的从属关系，加快"政社分离"的步伐。在组织设置和职责界定方面，承接主体要明确自己的定位，确立自身的独立身份，消除政府的影响。二是财务独立。资金是维持承接主体运转的关键因素，承接主体必须将多渠道筹集的资金置于严格独立的财务管理体系下。承接主体的财务独立就可以确保其行为不会偏离组织的预期目标，不受相关主体的经济干预，为保持组织的独立性提供财务保障。三是行为独立。承接主体的组织愿景、行动目标、战略方向等最终都要落实到行为上来。承接主体的独立性关键在于行为不受其他因素干扰，可以依据自己的意志采取行动。承接主体承接服务的行为建立在客观分析承接服务的成本和收益基础上，对承接项目的选择、承接服务数量、质量和效益的把握都是独立的行为选择。

7.4 评审主体：完善监督评审制度

在政府购买公共服务过程中，评审主体主要存在监督评审制度还不够完善的问题，不能实施有效的风险评估和绩效监督。由此，评审主体的行为规范主要在于协调内外部评审机制和构建科学的评估体系两个方面的内容。

7.4.1 协调内外部评审机制

构建科学的评审机制离不开内外部评审主体的协调发展。在政府购买公共服务绩效评审过程中，内外部评审主体结合自身评审优势和能力特长对购买服务的绩效分别进行评审。内外部评审主体的分工和一定程度上的分裂，使得评审结果还不够全面、客观和有效，影响了评审作用的发挥。因此，内外部评审的合理界定、影响权重设定及评审意见的客观性甄别是协调内外部评审机制的关键环节。

（1）明确评审主体的目标与职权。

评审主体由内部评审主体和外部评审主体构成，二者分工合作共同开展政府购买公共服务的评审工作。内外部评审主体的组织形式、机构性质、专业特长方面存在较大差异，因此在评审目标和职权范围方面也各不相同。内部评审主体主要有政府相关职能部门组成，评审目标是监督和管理购买服务活动，保证财政资金使用的规范性和有效性、政府职能的有序履行以及政策目标的顺利实现。因此，围绕这一评审目标的实现，内部评审主体的职权包括：一是建立常态化的内部评审机制，从制度上规范和完善内部评审行为。二是落实评审机制的作用机制，使得评审机制能够真正意义上推动政府履行职能和实现政策目标。

外部评审主体主要是指的政府职能部门意外的监督力量，包括司法机关、社会公众、第三方评审机构等。外部评审主体的评审目标是通过对政府购买公共服务的监督和评审，提高公共服务供给绩效。围绕这一评审目标的实现，外部评审主体的职权包括一是司法机关重点监管管理机构的工作人员，对其渎职腐败的行为及时加以惩处；二是第三方机构发挥专业优势，依据评审经验独立、客观地对购买服务的风险和绩效进行评审，为相关部门的决策提供评审依据。

（2）形成评审合力。

在明确内外部评审主体的目标和职权的基础上，内外部评审主体还需形成评审合力：一是以需求评估为前提，评审主体对公共服务提供的必要性、方式、范围、数量等问题进行评估。这一环节可以发挥内部评审常态化监督的优势，参考前期购买服务的资料和信息进行评审，也要发挥外部评审客观、独立、专业的优势，进行第三方评审。二是以供给评估为核心，评审主体基于服务方案的内容，对服务方案的可行性问题进行专业化评估。内部评审主体主要从财政资金使用角度，对购买资金的来源、使用、时效性方面的内容进行评审，外部评审主体则应侧重于购买服务的过程、质量和社会公众满意度等方面的评审。内外部评审各有侧重又服务于购买目标实现，协同发挥作用。三是以结果评估为方向，评审主体对承接主体承接服务的不同阶段，尤其是服务效果进行及时、有效的专业化检测。内部评审以财政资金使用绩效为主要评审对象，外部评审以社会公众满意度为主要评审依据，共同还原政府购买公共服务的结果绩效。

7.4.2　构建科学的评估体系

科学的评估体系是提高评审质量、完善监督评审制度的必要保障。评估体系包括评审标准、评审内容、评审方法和评审指标等四个方面的内容。因此，科学评估体系的构建落脚在这四个方面：

（1）制定明确的评审标准。

明确的评审标准是评审主体进行绩效评审的重要依据。首先，确定服务标准的类型，包括软标准和硬标准。其中，硬标准是指服务相关各种硬件条件的标准，而软标准则涉及各种具体服务内涵指标的标准。两类标准对购买服务的硬性条件和软性标准作出了界定，评审主体以此作为依据来衡量购买服务的数量、质量等是否符合购买合同的约定。其次，明确服务标准的适用性范围，不搞简单的“一刀切”。购买服务的内容和性质在很大程度上存在差异，任何标准的制定都不可能适用于所有的服务。因此，评审主体要对服务标准的适用范围加以界定，分门别类地对服务标准进行界定。再次，推广服务标准的实际应用，要求购买同类公共服务应当参照标准进行。标准的制定是为了指导承接主体的生产公共服务行为。因此，服务标准应用的广泛性对于评审质量的高低起着至关重要的作用。评审主体通过多种渠道推广服务标准的应用，在最大范围内指导承接主体的实践。最后，应明确服务标准不是一成不变的，而是随着经济社会的发展、技术创新的应用等进行动态调整。

（2）科学界定评审内容。

评审内容是评审体系的核心部分，评审内容的科学性是评审结果有效性的前提。风险评审和绩效评审都应该列入评审内容的范畴，作为政府购买公共服务评审的重点关注对象。

第一，加强风险评审。随着市场化改革的深入，经济活动主体必然要面对市场冲击等引发的各类风险。就政府购买公共服务而言，必须将风险意识和风险理念融入评审主体行为的全部过程，形成一种由内而外抗击风险、防范风险的评审机制。

首先，树立风险意识。风险意识是正视、识别、防范和控制风险的前提。评审主体作为政府购买公共服务的监督者，必须以高度的风险意识对政府购买公共服务进行全程监督。评审主体感知、辨别和发现风险的目的是为了有效地规避、防范和控制风险，甚至在风险中寻找新的机遇，寻求新的发展。评审主体可以借鉴企业的风险管理流程，运用科学的工具和理智的决策规避风险。例如，通过清单法、现场调查法、层次分析法等方式识别风险；借助概率论、模糊数学等技巧评估风险。

其次，控制决策风险。在资源有限的前提下，如何整合社会公众对公共服务的需求，满足其多样化、多层次需求，是购买决策面临的首要问题。为了避免购买决策中可能出现的寻租风险，评审主体需要做好以下三个方面的工作：其一，强化经济监督。评审主体通过对购买主体的预算报告、财务状况进行审计，防止政府官员徇私；对官员个人及近亲财产进行监管，来历不明收入及时调查，及时惩处违法行为。其二，重视合法性监督。评审主体通过政府信息公开、公众匿名举报、新闻自由播报等对购买主体的项目决策进行外部监督，促进购买决策的公正和合法性。其三，加大腐败惩处力度。评审主体通过对证据确凿的行贿受贿行为给予公正的惩处，引用实例进行防腐教育，提高官员的反腐意识。

最后，防范过程风险。评审主体对过程风险的防范从两个方面进行：其一，合同风险的防范。评审主体从细化合同条款和内容、紧扣招投标管理、强化合同绩效检测三个环节入手，加强对合同风险的防范。其二，强化对承接主体的监督。评审主体依法对承接主体进行审计，充分核查其经营状况，鉴定其承接服务的资质和条件。增强对承接主体的经济监控，通过现代通信技术将银行账务系统与税务稽查系统联网，防止代理风险。

第二，做好立项评审。项目立项是整个政府购买公共服务活动的源头。只有加强立项评审，才能减少随意性，确保整个购买活动规范、科学。立项评审的内容包括：一是文本评审。主要是指政府批文、可行性分析报告、评审立项建议书等以符合规定的文本格式呈现并且手续齐全。二是可行性评审。评审主体要对购买项目进行成本核算，确定购买的项目有足够的财政资金；进行风险评估，不能侵害社会公众的权益；负责政府购买活动的机构以及人员情况评估。三是合规性评审。即评审购买项目符合政府部门、相关协会、学会制定的规范或技术标准。四是必要性评审。评审主体主体评估购买服务的范围、数量、类型等与使用主体需求的契合度。五是合法性评审。即购买服务的范围必须符合国家法律的规定，不得超出或人为缩小购买范围；地方政府购买公共服务流程既要严格按照法律法规又要符合规范性文件的规定；评审本年度或特定阶段购买计划的执行情况。

（3）选用科学合理的评估方法。

有效的绩效评价方法需要依托绩效评价的流程，购买前的绩效评价优先采用结果导向性的绩效评估方法，购买中的绩效评价采用行为导向性的绩效评价方法，购买后的绩效评价采用图解式评估量表法。同时针对评价指标采用单一或组合的评价方法，运用主成分分析法分析不同承接主体的竞争力，运用平衡记分卡法多维度分析承接主体的绩效，运用成本收益分析法评价财政资金的使用效益等。

（4）构建有效的评估指标体系。

评估指标体系应包含：其一，购买前的评价指标体系。针对承接主体选择从事该项服务生产的年限、参与政府购买公共服务的年限、组织规模、信用评级等指标。其二，购买中的评价指标体系。针对购买的数量和质量设计合同执行的程度、质量指标。其三，购买后的评价指标体系。针对购买服务的效果设计财政绩效、经济绩效、社会绩效指标。基于此，结合政府购买公共服务每一个参与主体的因素，建立政府购买公共服务的评估指标体系。

7.5　架构多元主体协同推进的治理机制

推进政府购买公共服务实践，发挥四元主体的各自优势，有效提升供给服务效能还需要架构多元主体协同推进的治理机制。在协同治理理论的指导下，主体间通过建立和完善权责对等机制、利益协商机制、平等合作机制和有序竞争机制来推进协同购买公共服务，具体地主要包含树立公众服务导向的协同理念，引入市场竞争机制的协同方式、培育社会力量参与的协同组织和构建四元主体互动的协同体系。

7.5.1　树立公众服务导向的协同理念

由政府购买公共服务主体多元化带来的行为动机的多样化、利益目标的分散化和行为偏好的差异化等，可能会弱化购买服务的公共性与公益性。为了保证政府购买公共服务主体行为的导向准确，协同机制需要树立为社会公众服务的协同理念。基于政府购买公共服务主体的构成，可以从政府部门和非政府部门两类主体分别树立公众服务导向的协同理念。

第一，树立政府部门公众服务导向的协同理念。政府部门在实施政府购买公共服务过程中让渡了部分生产和评审公共服务的职责。但是政府部门作为公共服务提供者的身份并没有发生变化，为社会公众提供足额、高效的公共服务是政府部门不容推卸的职责。因此，在购买服务过程中政府部门树立公众服务导向的理念，购买决策以公众需求出发点和落脚点，推进协同购买以满足社会公众的需求为目标，将理念落实到参与购买服务的各个环节。作为公共政策制定和实施者、公共资源归集和分配者与服务质量监督和控制者，在价值取向上要更加优先考虑并重视公共服务的公共属性，在保证社会公平正义的前提下，努力实现合作过程中的多方利益均衡。

第二，树立非政府部门公众服务导向的协同理念。政府购买公共服务各参与主体的公共利益导向，在引入竞争激励机制和提高资源使用效率的同时，集中体现在公共服务供给中公平正义原则的体现。非政府部门接受、认同并内化公益性的导向价值，当自身利益与社会公众利益发生冲突的时候，以公众服务导向的协同理念指导主体行为在公益性与自利性之间找到最佳结合点。这样，非政府部门参与政府购买公共服务才能明确自身定位，从而最大限度地拓展生存视野和生存空间。

7.5.2 引入市场竞争机制的协同方式

政府购买公共服务机制的重要内容，就是在公共服务供给过程中引入市场竞争机制，从而形成多种供给主体既相互分工、公平竞争，又互相补充、密切合作的格局。引入市场机制主要可以从以下两个方面入手。

第一，在主体内部引入市场竞争机制。政府购买公共服务主体都是由不同组织、部门或是机构组成的，主体内部市场竞争机制的建立可以提高主体行为的能力。购买主体内部可以通过市场竞争选出购买能力最强、购买效果最好的部门或是单位来执行购买服务。使用主体内部可以通过市场竞争机制选出参与意识最强、参与能力最高的社会公众代表大家的利益参与购买服务。承接主体内部的市场竞争机制则能产生优胜劣汰效应，从而提高行业发展水平和承接服务能力，最终由业内的先行者承接公共服务生产。评审主体内部的市场竞争机制可以充分激发内外部评审主体的活力，从而提高评审报告的质量和评审的效率，为完善政府购买公共服务评审机制奠定基础。

第二，在公共服务供给主体间引入市场竞争机制。政府购买公共服务制度作为一种公共服务供给方式的创新，核心在于公共服务供给主体的多元化以及主体间合作方式的多样化。公共服务供给主体的市场竞争机制一方面表现为在政府、社会力量和市场之间的竞争，谁生产公共服务更有效率就交由谁来生产；另一方面发生在政府、社会力量和市场协同推进中，三者通过有序的竞争来提高合作的效率。政府购买公共服务主体分属于政府、社会力量和市场的范畴，在协同购买中通过竞争扩大话语权、提高影响力，在政府购买公共服务过程中发挥更大的作用。

通过引入市场竞争的协同方式，协同制度一方面可以在主体履行职责的时候提高行为成效，另一方面可以激发主体协同购买的活力和积极性。市场竞争的协同方式可以推进政府购买公共服务协同机制的完善。

7.5.3　培育社会力量参与的协同组织

在政府购买公共服务过程中，社会力量具有重要地位和作用。社会力量的自治情况在很大程度上影响了政府购买公共服务的推广和应用。培育和支持社会力量自治，成为政府购买公共服务协同推进的治理组织，是完善政府购买公共服务的关键环节。

第一，增强社会力量的责任感。购买主体建立对遭受损失的个人和组织予以补偿的机制和社会力量诚信档案，使用主体关注服务提供质量，承接主体制定自律规则，评审主体强化对评审标准和服务标书的审核，引入硬性绩效对合同履行全程检测，四元一体加强社会力量的责任意识。

第二，扶持社会力量可持续发展。购买主体在财政税收方面为社会力量提供政策支持和资金帮助，使用主体积极加入志愿组织、参与志愿活动，承接主体完善内部治理、健全各项制度，评审主体进行风险评估和绩效评审。四元主体形成一个促进和鼓励社会力量发展的治理体系，共同推动社会力量的可持续发展。

7.5.4　构建四元主体互动的协同体系

现代意义上的公共治理，是一个上下互动的管理过程，强调以多元的、民主的协作模式管理公共事务。政府购买公共服务四元主体协同推进的治理机制，也需要参与主体广泛积极地参与，互动解决购买过程中的问题。

第一，构建购买主体与使用主体、承接主体、评审主体互动的治理体系。在政府购买公共服务过程中，购买主体充分调动、组织、协调各方力量。购买主体与使用主体通过互动了解其对服务的需求和评价，与承接主体利用互动确定公共服务的生产者，与评审主体运用互动获得评审结果。购买主体在这一系列互动活动基础上制定发展规划，进行制度设计和安排，形成一个四元主体共同发挥作用的制度框架。

第二，形成使用主体与承接主体、评审主体互动的治理体系。使用主体作为公共服务的权利主体，是完善治理体系的重要参与者。使用主体借助与承接主体的互动，对承接主体提供的公共服务进行监督，维护自身的合法权益。使用主体通过与评审主体的互动参与项目运行管理及验收，并对其反馈评价结果，保证公共服务供给的质量和效益。

第三，建设承接主体与评审主体互动的治理体系。承接主体通过与评审主体的互动了解服务评审标准和结果反馈，修正承接服务中的行为偏差，提高公共服务供给绩效。

附　　录

附录 A

政府购买公共服务主体行为的评价指标专家咨询问卷（首轮）

问卷调查打分说明：指标体系分为四个维度，共计 36 个指标，分别用 1 分、2 分、3 分、4 分和 5 分来表示“很不重要”“不重要”“没有意见”“重要”和“非常重要”等五种观点。

一、社会公众满意度

1. 对购买信息的获取程度。(　　)

A. 1 分　B. 2 分　C. 3 分　D. 4 分　E. 5 分

2. 购买决策参与度。(　　)

A. 1 分　B. 2 分　C. 3 分　D. 4 分　E. 5 分

3. 服务信息反馈度。(　　)

A. 1 分　B. 2 分　C. 3 分　D. 4 分　E. 5 分

4. 服务评价报告程度。(　　)

A. 1 分　B. 2 分　C. 3 分　D. 4 分　E. 5 分

5. 对购买政策的了解程度。(　　)

A. 1 分　B. 2 分　C. 3 分　D. 4 分　E. 5 分

6. 购买范围满意度。(　　)

A. 1 分　B. 2 分　C. 3 分　D. 4 分　E. 5 分

7. 购买数量满意度。(　　)

A. 1 分　B. 2 分　C. 3 分　D. 4 分　E. 5 分

8. 购买质量满意度。(　　)

A. 1 分　B. 2 分　C. 3 分　D. 4 分　E. 5 分

9. 服务设施的满意度。(　　)

A. 1 分　B. 2 分　C. 3 分　D. 4 分　E. 5 分

10. 工作人员的满意度。(　　)

A. 1 分　B. 2 分　C. 3 分　D. 4 分　E. 5 分

二、公共财政维度

11. 预算编制的合理性。(　　)

A. 1 分　B. 2 分　C. 3 分　D. 4 分　E. 5 分

12. 资金到位率。(　　)

A. 1 分　B. 2 分　C. 3 分　D. 4 分　E. 5 分

13. 资金时效性。(　　)

A. 1 分　B. 2 分　C. 3 分　D. 4 分　E. 5 分

14. 支出相符性。(　　)

A. 1 分　B. 2 分　C. 3 分　D. 4 分　E. 5 分

15. 支出合规性。(　　)

A. 1 分　B. 2 分　C. 3 分　D. 4 分　E. 5 分

16. 支出合理性。(　　)

A. 1 分　B. 2 分　C. 3 分　D. 4 分　E. 5 分

17. 预算执行情况。(　　)

A. 1 分　B. 2 分　C. 3 分　D. 4 分　E. 5 分

18. 经济效益。(　　)

A. 1 分　B. 2 分　C. 3 分　D. 4 分　E. 5 分

19. 社会效益。(　　)

A. 1 分　B. 2 分　C. 3 分　D. 4 分　E. 5 分

三、政府购买公共服务内部流程

20. 行为主体共识。(　　)

A. 1 分　B. 2 分　C. 3 分　D. 4 分　E. 5 分

21. 主体行为能力。(　　)

A. 1 分　B. 2 分　C. 3 分　D. 4 分　E. 5 分

22. 主体行为过程。(　　)

A. 1 分　B. 2 分　C. 3 分　D. 4 分　E. 5 分

23. 服务流程的标准化。(　　)

A. 1 分　B. 2 分　C. 3 分　D. 4 分　E. 5 分

24. 服务流程的便捷度。(　　)

A. 1 分　B. 2 分　C. 3 分　D. 4 分　E. 5 分

25. 服务流程的透明度。(　　)

A. 1 分　B. 2 分　C. 3 分　D. 4 分　E. 5 分

26. 购买档案的管理情况。(　　)

A. 1 分　B. 2 分　C. 3 分　D. 4 分　E. 5 分

四、学习和成长

27. 购买决策的优化。(　　)

A. 1 分　B. 2 分　C. 3 分　D. 4 分　E. 5 分

28. 购买能力提高。(　　)

A. 1 分　B. 2 分　C. 3 分　D. 4 分　E. 5 分

29. 政府公信力评价。(　　)

A. 1 分　B. 2 分　C. 3 分　D. 4 分　E. 5 分

30. 社会公众的参与意识。(　　)

A. 1 分　B. 2 分　C. 3 分　D. 4 分　E. 5 分

31. 社会公众的反馈情况。(　　)

A. 1 分　B. 2 分　C. 3 分　D. 4 分　E. 5 分

32. 社会公众公共服务享用情况。(　　)

A. 1 分　B. 2 分　C. 3 分　D. 4 分　E. 5 分

33. 社会力量的发展情况。(　　)

A. 1 分　B. 2 分　C. 3 分　D. 4 分　E. 5 分

34. 社会力量的承接能力。(　　)

A. 1 分　B. 2 分　C. 3 分　D. 4 分　E. 5 分

35. 评审制度建设情况。(　　)

A. 1 分　B. 2 分　C. 3 分　D. 4 分　E. 5 分

36. 评审能力提高情况。(　　)

A. 1 分　B. 2 分　C. 3 分　D. 4 分　E. 5 分

附录 B

政府购买公共服务主体行为的评价指标专家咨询问卷（次轮）

问卷调查打分说明：指标体系分为四个维度，共计 32 个指标，分别用 1 分、2 分、3 分、4 分和 5 分来表示“很不重要”“不重要”“没有意见”“重要”和“非常重要”等五种观点。

一、社会公众满意度

1. 对购买信息的获取程度。(　　)

A. 1 分　B. 2 分　C. 3 分　D. 4 分　E. 5 分

2. 购买决策参与度。(　　)

A. 1 分　B. 2 分　C. 3 分　D. 4 分　E. 5 分

3. 服务信息反馈度。(　　)

A. 1 分　B. 2 分　C. 3 分　D. 4 分　E. 5 分

4. 服务评价报告程度。(　　)

A. 1 分　B. 2 分　C. 3 分　D. 4 分　E. 5 分

5. 对购买政策的了解程度。(　　)

A. 1 分　B. 2 分　C. 3 分　D. 4 分　E. 5 分

6. 购买范围满意度。(　　)

A. 1 分　B. 2 分　C. 3 分　D. 4 分　E. 5 分

7. 购买数量满意度。(　　)

A. 1 分　B. 2 分　C. 3 分　D. 4 分　E. 5 分

8. 购买质量满意度。(　　)

A. 1 分　B. 2 分　C. 3 分　D. 4 分　E. 5 分

二、公共财政维度

9. 预算编制的合理性。(　　)

A. 1 分　B. 2 分　C. 3 分　D. 4 分　E. 5 分

10. 资金到位率。(　　)

A. 1 分　B. 2 分　C. 3 分　D. 4 分　E. 5 分

11. 资金时效性。(　　)

A. 1分 B. 2分 C. 3分 D. 4分 E. 5分

12. 支出相符性。( )

A. 1分 B. 2分 C. 3分 D. 4分 E. 5分

13. 支出合规性。( )

A. 1分 B. 2分 C. 3分 D. 4分 E. 5分

14. 预算执行情况。( )

A. 1分 B. 2分 C. 3分 D. 4分 E. 5分

15. 经济效益。( )

A. 1分 B. 2分 C. 3分 D. 4分 E. 5分

16. 社会效益。( )

A. 1分 B. 2分 C. 3分 D. 4分 E. 5分

三、政府购买公共服务内部流程

17. 行为主体共识。( )

A. 1分 B. 2分 C. 3分 D. 4分 E. 5分

18. 主体行为能力。( )

A. 1分 B. 2分 C. 3分 D. 4分 E. 5分

19. 主体行为过程。( )

A. 1分 B. 2分 C. 3分 D. 4分 E. 5分

20. 服务流程的标准化。( )

A. 1分 B. 2分 C. 3分 D. 4分 E. 5分

21. 服务流程的便捷度。( )

A. 1分 B. 2分 C. 3分 D. 4分 E. 5分

22. 服务流程的透明度。( )

A. 1分 B. 2分 C. 3分 D. 4分 E. 5分

四、学习和成长

23. 购买决策的优化。( )

A. 1分 B. 2分 C. 3分 D. 4分 E. 5分

24. 购买能力提高。( )

A. 1分 B. 2分 C. 3分 D. 4分 E. 5分

25. 政府公信力评价。( )

A. 1分 B. 2分 C. 3分 D. 4分 E. 5分

26. 社会公众的参与意识。( )

A. 1分　　B. 2分　　C. 3分　　D. 4分　　E. 5分

27. 社会公众的反馈情况。(　　)

A. 1分　　B. 2分　　C. 3分　　D. 4分　　E. 5分

28. 社会公众公共服务享用情况。(　　)

A. 1分　　B. 2分　　C. 3分　　D. 4分　　E. 5分

29. 社会力量的发展情况。(　　)

A. 1分　　B. 2分　　C. 3分　　D. 4分　　E. 5分

30. 社会力量的承接能力。(　　)

A. 1分　　B. 2分　　C. 3分　　D. 4分　　E. 5分

31. 评审制度建设情况。(　　)

A. 1分　　B. 2分　　C. 3分　　D. 4分　　E. 5分

32. 评审能力提高情况。(　　)

A. 1分　　B. 2分　　C. 3分　　D. 4分　　E. 5分

附录 C

评价指标权重的专家咨询问卷

一级指标	权重	二级指标	权重	三级指标	权重
A1 社会公众满意度		B1 参与度		C1 对购买政策的了解程度	
				C2 对购买信息的获取程度	
				C3 购买决策参与度	
				C4 服务信息反馈度	
				C5 服务评价报告程度	
		B2 满意度		C6 购买范围满意度	
				C7 购买数量满意度	
				C8 购买质量满意度	
A2 公共财政维度		B3 财政资金筹集		C9 预算编制的合理性	
				C10 资金到位率	
				C11 资金时效性	
		B4 财政资金使用		C12 支出相符性	
				C13 支出合规性	
				C14 预算执行情况	
		B5 财政资金使用效果		C15 经济效益	
				C16 社会效益	
A3 政府购买公共服务内部流程		B6 主体分工行为		C17 行为主体共识	
				C18 主体行为能力	
				C19 主体行为过程	
		B7 主体协作行为		C20 服务流程的标准化	
				C21 服务流程的便捷度	
				C22 服务流程的透明度	
A4 学习和成长		B8 购买主体的学习和成长		C23 法律法规体系构建	
				C24 制度建设情况	
				C25 信息获取情况	
		B9 使用主体的学习和成长		C26 社会公众的参与意识	
				C27 社会公众的参与能力	
				C28 专门的救济渠道	
		B10 承接主体的学习和成长		C29 社会力量的发展情况	
				C30 社会力量的承接能力	
		B11 评审主体的学习和成长		C31 评审机制协调情况	
				C32 评审体系构建情况	

参考文献

[1] B. 盖伊·彼得斯著. 吴爱明、夏宏图译. 政府未来的治理模式 [M]. 北京：中国人民大学出版社，2014.

[2] E. S. 萨瓦斯著. 周志忍译. 民营化与公私部门的伙伴关系 [M]. 北京：中国人民大学出版社，2002：129.

[3] 保罗·R. 尼文. 平衡计分卡实用指南手册（第二版）[M]. 胡玉明、刘运国等译. 北京：清华大学出版社，2012：13.

[4] 财政部科研所课题组贾康等. 政府购买公共服务的理论与边界分析 [J]. 财政研究，2014（03）：2－11.

[5] 蔡秀云，张晓丽. 社会组织供给公共文化服务财政激励研究——基于因子方法的实证分析 [J]. 财政研究，2015（03）：84－90.

[6] 常晋，刘明慧. 政府购买公共服务：一个文献述评 [J]. 地方财政研究，2016（05）：87－93.

[7] 常晋. 政府购买公共服务主体间关系研究 [J]. 中国政府采购，2016（06）：25－29.

[8] 晁毓欣. 公共品政府供给绩效评价机理与运用 [D]. 山东大学，2011.

[9] 陈建国，阙莎. 政府购买服务：我们在做什么样的研究——基于CNKI的文献评估 [J]. 重庆与世界（学术版），2014（05）：10－15.

[10] 陈少强，宋斌文. 政府购买社会工作服务初步研究 [J]. 财政研究，2008（06）：51－54.

[11] 陈书洁，张汝立. 政府社会服务观与社会公共服务改革——英美政府购买社会公共服务的比较研究 [J]. 探索，2011（04）：147－151.

[12] 陈伟. 政府购买公共服务标准化的基本要素、现实困境与实现策略 [J]. 中国行政管理，2016（12）.

[13] 陈霞. 政府购买公共服务的国际经验借鉴及思考 [J]. 中国政府

采购，2013（09）：19－21.

［14］陈新宇，裴志军．居民收入、受教育程度对政府公共服务满意度分析——基于2012年中国家庭追踪调查的实证分析［J］．福建农林大学学报（哲学社会科学版），2016（04）：86－93.

［15］陈则谦，孙伯谦．我国政府向社会力量购买公共信息服务的现状分析——基于“指导意见”和“指导目录”的政策文件调查［J］．图书情报知识，2016（06）：16－24.

［16］陈志勇，陈思霞．制度环境、地方政府投资冲动与财政预算软约束［J］．经济研究，2014（03）：76－87.

［17］储亚萍．发达国家政府购买社区公共卫生服务的可借鉴之处［J］．理论探索，2012（06）：123－127.

［18］储亚萍．政府购买助残服务的思路创新——以合肥市的实践为例［J］．理论探索，2016（03）：76－80.

［19］崔光胜．政府购买公共服务中的利益博弈与风险防控［J］．湖北社会科学，2017（02）：45－46.

［20］崔开云．中国政府与非政府组织间关系：一个总体性研究［J］．理论探讨，2009（04）：155－158.

［21］达林·格里姆赛，莫文·K．刘易斯．PPP革命：公共服务中的政府和社会资本合作［M］．北京：中国人民大学出版社．2016.

［22］代曦．政府购买社会工作服务长效机制建设探析［J］．领导科学，2010（35）：47－48.

［23］戴维·奥斯本，特德·盖布勒．改革政府——企业家精神如何改革着公共部门［M］．上海：上海译文出版社，2006：9－11.

［24］戴维·奥斯本，特德·盖布勒著，周敦仁等译．改革政府——企业家精神如何改革着公共部门［M］．上海：上海译文出版社．2006.

［25］德施米特著．应星，朱雁冰译．霍布斯国家学说中的利维坦［M］．上海：华东师范大学出版社，2008.

［26］董云芳．政府购买社会工作服务发展初期的困境与突破——对J市的质性研究与思考［J］．华东理工大学学报（社会科学版），2013（03）：36－43.

［27］杜荣胜．政府购买公共服务问题和对策研究［J］．财政研究，2014（06）：31－34.

[28] 范燕宁. 政府购买公共服务“双主体”政策背景下社会工作专业机构面临的机遇与挑战 [J]. 社会工作, 2013 (05): 14 - 20.

[29] 冯俏彬. 论政府购买服务与当前财政管理新任务 [J]. 地方财政研究, 2014 (04): 6 - 10 + 22.

[30] 扶松茂. 中国政府与社会组织间关系发展的风险及对策研究 [J]. 天津行政学院学报, 2015 (02): 26 - 38.

[31] 龚锋, 卢洪友. 财政分权与地方公共服务配置效率——基于义务教育和医疗卫生服务的实证研究 [J]. 经济评论, 2013 (01): 42 - 51.

[32] 顾江霞. 政府购买服务契约的权力运作逻辑——基于珠三角B市购买社会服务的研究 [J]. 广东工业大学学报: 社会科学版, 2013 (04): 34 - 41.

[33] 关琼. 治理视角下政府购买公共服务的主体间关系研究 [D]. 吉林大学, 2014.

[34] 管兵, 夏瑛. 政府购买服务的制度选择及治理效果: 项目制、单位制、混合制 [J]. 管理世界, 2016 (06): 24 - 39.

[35] 郭晓. 政府购买公共服务中的政社关系研究 [D]. 华东理工大学, 2014.

[36] 郭晓鸣. 四川社会发展报告 (2015) [M]. 北京: 社会科学文献出版社, 2015.

[37] 韩丽荣, 盛金, 高瑜彬. 日本政府购买公共服务制度评析 [J]. 现代日本经济, 2013 (02): 15 - 21.

[38] 韩巍. 开放性视野下的政府购买公共服务: 现实挑战和理论反思 [J]. 学习与实践, 2016 (06): 60 - 67.

[39] 何代欣. 我国政府购买公共服务的发展方向与路径 [J]. 经济纵横, 2016 (06): 23 - 27.

[40] 何晴, 张黎群. 组织间管理控制模式与机制研究评介 [J]. 外国经济与管理, 2009 (10).

[41] 贺巧知. 政府购买公共服务研究 [D]. 财政部财政科学研究所, 2014.

[42] 贺先国. 国外政府购买公共服务的法治经验与启示 [J]. 企业导报, 2015 (24): 107 - 108.

[43] 赫尔曼. 哈肯著. 协同学——大自然构成的奥秘. 凌复华译

[M]. 上海：上海译文出版社，2005.

[44] 侯志伟. 政府购买公共服务的制度目标模式与实现路径——以上海市某服务社为例 [J]. 河北经贸大学学报，2017 (03)：50 - 55.

[45] 胡宏伟，严晏，时媛媛. 中国非政府组织参与居家养老服务的实践与政策思考 [J]. 天府新论，2011 (05)：96 - 100.

[46] 胡敏洁. 论政府购买公共服务合同中的公法责任 [J]. 中国法学，2016 (04)：143 - 158.

[47] 黄春蕾，刘君. 绩效视角下政府购买社会工作服务模式的优化：济南市的经验 [J]. 中国行政管理，2013 (08)：31 - 35.

[48] 黄春蕾，闫婷. 政府购买公共服务绩效评估研究述评 [J]. 山东行政学院学报，2013 (06)：47 - 51.

[49] 黄蓝，黄建荣. 合作治理视域下地方政府购买公共服务策略优化研究 [J]. 学术论坛，2016 (05)：122 - 128.

[50] 黄文平. 推广政府购买公共服务要统筹处理好几个关系 [J]. 中国机构改革与管理，2014 (05)：33 - 34.

[51] 霍卓莉. 欠发达地区政府向社会组织购买公共服务的现实困境与路径选择——以广东省 Z 市为例 [J]. 四川行政学院学报，2015 (05)：75 - 81.

[52] 季璐，王青平，范炜烽. 社会治理视阈下政府向社会力量购买公共服务评估研究——基于长三角地区的调查 [J]. 江苏社会科学，2016 (06)：102 - 108.

[53] 贾博. 政府购买公共服务中的主体间关系的理论分析 [J]. 学习论坛，2014 (07)：49 - 52.

[54] 贾康，孙洁. 平衡计分卡（表）方法在财政支出绩效评价中的应用设计初探 [J]. 山东经济，2010 (01)：5 - 10.

[55] 姜爱华. 政府购买公共服务绩效及影响因素文献述评 [J]. 中国行政管理，2016 (05)：40 - 44.

[56] 姜成武，甘海威. 新制度主义视角下政府购买公共服务内部化问题治理研究 [J]. 学术论坛，2017 (02)：121 - 127.

[57] 姜禾. 国外政府购买社会组织服务的经验与启示 [J]. 学理论，2015 (02)：48 - 50.

[58] 姜晓萍，陈朝兵. 近五年国内政府购买公共服务：一个文献述评

[J]. 经济问题探索, 2016 (03): 24 - 29.

[59] 蒋金富. 政府向社会组织购买公共服务的中西方模式比较研究[J]. 湖北社会科学, 2012 (04): 19 - 22.

[60] 金太军. 新公共管理: 当代西方公共行政的新趋势 [J]. 国外社会科学, 1997 (05): 21.

[61] 井敏. 政府在购买公共服务中的角色定位 [J]. 长春市委党校学报, 2015 (01): 27 - 30.

[62] 敬乂嘉. 社会服务中的公共非营利合作关系研究——一个基于地方改革实践的分析 [J]. 公共行政评论, 2011 (05): 5 - 25 + 177.

[63] 句华, 杨腾原. 政府购买公共服务与事业单位改革衔接条件研究[J]. 国家行政学院学报, 2017 (01): 72 - 76.

[64] 句华, 张向东. 农村事业单位改革与政府购买服务衔接机制研究[J]. 探索, 2017 (01): 140 - 145.

[65] 句华. 社会组织在政府购买服务中的角色: 政社关系视角 [J]. 行政论坛, 2017 (02).

[66] 句华. 政府购买服务相关术语的混用现象及其辨析 [J]. 中国行政管理, 2017 (01).

[67] 句华. 政府如何做精明的买主——以上海市民政部门购买服务为例 [J]. 国家行政学院学报, 2010 (04): 84 - 87.

[68] 瞿振雄. 中国政府购买公共服务研究 [D]. 湖南师范大学, 2010.

[69] 柯武刚, 史漫飞. 韩朝华译. 制度经济学: 社会秩序与公共政策[M]. 北京: 商务印书馆, 2000.

[70] 科斯. 企业、市场和法律 [M]. 上海: 上海三联书店, 1990.

[71] 莱斯特·M. 萨拉蒙. 公共服务中的伙伴: 现代福利国家中政府和非营利组织的关系 [M]. 田凯译, 北京: 商务印书馆. 2008.

[72] 郎晓波, 俞云峰. 社会组织参与公共服务: 组织优势及路径选择[J]. 中共杭州市委党校学报, 2011 (05): 50 - 54.

[73] 雷咸胜. 政府向社会组织购买公共服务的典型实践与启示 [J]. 中共贵州省委党校学报, 2015 (05): 102 - 107.

[74] 李德, 黄颖. 经验与借鉴: 香港公共服务改革对我国内地的启示[J]. 探索, 2011 (04): 152 - 156.

[75] 李凤芹, 张秀生. 社区养老中政府购买医疗卫生服务的成本测算

方法与应用［J］. 财政研究，2014（07）：39－43.

［76］李洪山，范思阳. 治理理论视角下公民参与政府购买公共服务研究［J］. 理论导刊，2017（02）：9－12＋18.

［77］李金龙，张慧娟. 地方政府购买公共服务中合同管理能力的提升路径［J］. 江西社会科学，2016（05）：229－236.

［78］李军鹏. 政府购买公共服务的学理因由、典型模式与推进策略［J］. 改革，2013（12）：19－31.

［79］李卫东. 政府购买公共服务引入第三方评估机制的分析［J］. 经济研究导刊，2014（13）：189－191.

［80］李翌萱. 社会建设视域下我国政府购买公共服务制度化进程［J］. 山西农业大学学报（社会科学版），2014（08）：20－24.

［81］李育波. 政府购买社会服务体制的新探索——以政府自我管理与维护社会稳定为视角［J］. 广州社会主义学院学报，2011（03）：28－32.

［82］李中英，李军. 政府购买公共服务的国际经验借鉴［J］. 浙江经济，2013（21）：20－21.

［83］李珠. 政府公共服务购买的合同制治理机制探讨［J］. 中国行政管理，2016（02）.

［84］梁芷铭. 政府购买社会组织公共服务的SWOT分析：理论表达与策略选择［J］. 安徽行政学院学报，2014（05）：17－22.

［85］林民望. 政府购买公共服务：一个整合性分析框架［J］. 北京理工大学学报（社会科学版），2017（01）：97－104.

［86］林闽钢，周正. 政府购买社会服务：何以可能与何以可为？［J］. 江苏社会科学，2014（03）：107－111.

［87］林毅夫，刘明兴，章奇. 政策性负担与企业的预算软约束：来自中国的实证研究［J］. 管理世界，2004（08）：81－89.

［88］刘滨，何卫平. 政府购买社会组织公共服务主体关系链中的风险治理研究——以成都市为例［J］. 牡丹江大学学报，2016（10）：4－6，21.

［89］刘博. 社会组织承接公共服务研究：机制、路径与规范［J］. 理论月刊，2015（03）：138－142.

［90］刘寒波. 政府购买公共服务的策略选择——基于构建服务型政府的分析［J］. 湖南财政经济学院学报，2014（01）：7－19.

［91］刘君. 政府购买社会工作服务文献综述［J］. 山东行政学院学报，

2012 (06): 36-39.

[92] 刘明慧，常晋. 政府购买公共服务主体：职责界定、制约因素与政策建议 [J]. 宏观经济研究，2015 (11): 3-13.

[93] 刘珊. "项目制"下政府购买公共服务的实现路径 [J]. 价格理论与实践，2016 (5): 141-143.

[94] 刘淑琼. 绩效、品质与消费者权益保障——以社会服务契约委托的责信课题为例 [M]. 第三部门评估与责信. 北京：北京大学出版社，2008.

[95] 刘有贵，蒋年云. 委托代理理论述评 [J]. 学术界，2006 (01): 69-78.

[96] 刘玉姿，刘连泰，Liu Yuzi 等. 老路还是新路：政府购买公共服务的立法路径 [J]. 中国行政管理，2016 (03).

[97] 柳学信，董晓丽，孔晓旭. 政府购买公共服务体系构建与深化事业单位改革 [J]. 经济与管理研究，2017 (04): 35-46.

[98] 陆春萍. 我国政府购买公共服务的制度化进程分析 [J]. 华东理工大学学报（社会科学版），2010 (04): 102-107.

[99] 吕洪良. 政府购买公共服务：理论依据与国际经验 [J]. 产业与科技论坛，2012 (20): 8-9.

[100] 吕璐璐. 政府购买公共服务研究 [D]. 东北师范大学，2013.

[101] 吕外. 美国政府公共服务购买模式及其启示 [J]. 长江论坛，2013 (05): 57-60.

[102] 吕外. 美国政府向非营利组织购买公共服务模式分析 [J]. 党政干部学刊，2014 (01): 69-72.

[103] 吕炜，王伟同. 政府服务性支出缘何不足？基于服务性支出体制性障碍的研究 [J]. 经济社会体制比较，2010 (01): 12-23.

[104] 吕孝礼，潘宇舟. 德国非营利组织参与提供公共服务对我国的启示——以社会政策领域为例 [J]. 中国行政管理，2016 (10): 142-146.

[105] 罗珉，何长见. 组织间关系：界面规则与治理机制 [J]. 中国工业经济，2006 (05).

[106] 罗珉，任丽丽. 组织间关系：界面规则的演进与内在机理研究 [J]. 中国工业经济，2010 (01): 86-95.

[107] 罗珉，王雎. 组织间关系的拓展与演进：基于组织间知识互动的

研究［J］. 中国工业经济，2008（01）：42－51.

［108］罗珉，赵亚蕊. 组织间关系形成的内在动因：基于帕累托改进的视角［J］. 中国工业经济，2012（04）：78－90.

［109］罗珉. 组织间关系理论研究的深度与解释力辨析［J］. 外国经济与管理，2008（01）：25－32.

［110］麻富根. 政府购买公共服务的国际经验与启示［J］. 中国政府采购，2014（04）：26－29.

［111］马海涛，王东伟. 完善政府购买公共服务制度的思考［J］. 中国政府采购，2014（04）：12－19.

［112］马瑞. 公共服务的有效供给——全民共建共享机制的理论逻辑与构建思路［J］. 国外理论动态，2016（06）：68－75.

［113］马占杰. 对组织间关系的系统分析——基于治理机制的角度［J］. 中央财经大学学报，2010（09）：88－92.

［114］迈克尔·迈金尼斯. 多中心体制与地方公共经济［M］. 毛寿龙译. 上海：上海三联书店，2000.

［115］毛寿龙. 西方政府的治道变革［M］. 北京：中国人民大学出版社. 1998.

［116］苗红培. 政府向社会组织购买公共服务的公共性保障研究［D］. 2016.

［117］苗红培. 政府与社会组织关系重构——基于政府购买公共服务的分析［J］. 广东社会科学，2015（03）：206－213.

［118］倪东生，张艳芳. 政府购买公共服务市场化中承接主体的激励机制［J］. 中国流通经济，2015（04）：95－102.

［119］欧文·E. 休斯. 公共管理导论［M］. 彭和平，周明德，金竹青等译. 北京：中国人民大学出版社，2001.

［120］欧阳航，赵月，杨舒慧. 供给侧改革视角下政府购买公共服务的现实困境与解决路径——基于广东省三地市的实证研究［J］. 中国市场，2017（06）：161－163.

［121］潘华志. 休谟与《人性论》［M］. 北京：人民出版社，2010.

［122］潘建雷，马俊达. 政府购买非营利组织社会服务问题研究——基于对G省实践的调查［J］. 地方治理研究，2016（02）：21－28.

［123］潘旭明. 组织间的合作关系——基于嵌入关系的视角［J］. 经济

学家，2008 (02)：97－102.

[124] 彭婧. 澳大利亚政府购买医疗卫生服务的实践及对我国的启示 [J]. 中国全科医学，2015 (05)：6－10.

[125] 彭婧. 新西兰政府构建购买公共服务模式的经验与启示 [J]. 经济社会体制比较，2015 (02)：134－142.

[126] 钱海燕，沈飞. 地方政府购买服务的财政支出效率评价——以合肥市政府购买居家养老服务为例 [J]. 财政研究，2014 (03)：64－67.

[127] 曲延春，张帆. "精明买家"的实现：政府购买公共服务的困境与路径选择——基于济南市市中区的调研 [J]. 中国行政管理，2016 (05).

[128] 屈维意，周海炜，姜骞. 组织间关系维度分析及其实证研究 [J]. 情报杂志，2011 (08)：169－174＋207.

[129] 任建新，李洁. 上海政府购买公共服务发展方向 [N]. 独立性购买. 东方早报，2012－12－14.

[130] 申喜连. 政府绩效评估研究 [M]. 北京：光明日报出版社，2012.

[131] 史砺. 政府购买公共服务：理论和实践研究 [D]. 西南财经大学，2010.

[132] 苏明，贾西津，孙洁等. 中国政府购买公共服务研究 [J]. 财政研究，2010 (01)：11－19.

[133] 孙彩虹. 政府购买公共服务的条件与制度建构 [J]. 新视野，2016 (06)：70－75.

[134] 孙浩，龚承. 社会组织承接公共服务效能的评价及提升研究 [J]. 湖北大学学报 (哲学社会科学版)，2016 (05)：133－140.

[135] 孙荣，薛泽林. 政府购买公共服务多元供给主体培育机制探析 [J]. 江苏行政学院学报，2016 (02)：110－115.

[136] 孙晓莉. 政府与市场关系视角下的购买公共服务监管 [J]. 行政管理改革，2015 (08)：38－41.

[137] 覃耀坚，农娟，张国磊. 政府购买公共服务的 SWOT 分析及实施策略 [J]. 中共乐山市委党校学报，2015 (01)：95－98.

[138] 谭英花. 我国社区养老服务文献综述 [J]. 劳动保障世界 (理论版)，2012 (11)：47－50.

[139] 唐纳德·凯特尔. 权力共享：公共治理与私人市场 [M]. 孙迎

春译. 北京：北京大学出版社，2009.

[140] 陶然，刘明兴. 中国城乡收入差距、地方政府开支及财政自主[J]. 世界经济文汇，2007 (02)：1-21.

[141] 万小红. 社区公共服务购买中地方政府与社会组织互动关系研究[J]. 中外企业家，2015 (05)：248.

[142] 王才章. 政府购买公共服务中政府与社会组织的关系——一个组织社会学的新制度主义视角 [J]. 学术论坛，2016 (03)：62-66.

[143] 王春婷. 政府购买公共服务绩效与其影响因素的实证研究 [D]. 华中师范大学，2012.

[144] 王浩林. 国外关于政府购买公共就业服务的研究综述 [J]. 贵州大学学报（社会科学版），2012 (06)：27-33.

[145] 王家合，赵琰霖. 政府购买服务研究回顾与展望 [J]. 华中农业大学学报（社会科学版），2016 (06)：121-128+152.

[146] 王箭. 政府购买服务机制比较：四直辖市例证 [J]. 重庆社会科学，2014 (11)：5-13.

[147] 王磊. 公共产品供给主体选择——基于交易费用经济学的理论分析框架及在中国的应用 [J]. 财贸经济，2007 (08)：56-63.

[148] 王磊. 公共经济与公共政策齐鲁文库 [M]. 北京：经济科学出版社，2009.

[149] 王玲艳，刘颖. 西方政府购买教育服务的背景、运行机制及其应注意的问题 [J]. 学前教育研究，2011 (05)：9-14.

[150] 王名，乐园. 中国民间组织参与公共服务购买的模式分析 [J]. 中共浙江省委党校学报，2008 (04)：5-13.

[151] 王名，王春婷. 国外政府如何向社会组织购买服务 [J]. 时事报告，2013 (07)：44-45.

[152] 王浦劬，郝秋笛. 政府向社会力量购买公共服务发展研究：基于中英经验的分析 [M]. 北京：北京大学出版社，2016.

[153] 王浦劬，莱斯特·M. 萨拉蒙. 政府向社会组织购买公共服务研究：中国与全球经验分析 [M]. 北京：北京大学出版社，2010.

[154] 王清，琚泽钦. 政府购买公共服务创新研究——以广东深圳西乡购买公共服务为例 [J]. 科学决策，2010 (04)：31-40.

[155] 王雁红. 公共服务合同外包文献综述及其延伸 [J]. 重庆社会科

学，2012（02）：118－123.

［156］王燕．基于激励相容的地方政府竞争行为分析［J］．经济论坛，2015（03）：133－135＋152.

［157］王义．政府购买社会组织服务的风险防范机制研究［J］．中共青岛市委党校．青岛行政学院学报，2014（02）：56－60.

［158］王余生，陈越．当代英国公共服务供给模式及其对我国的启示［J］．四川行政学院学报，2016（04）：37－42.

［159］魏娜，刘昌乾．政府购买公共服务的边界及实现机制研究［J］．中国行政管理，2015（01）：75－78.

［160］魏中龙．政府购买服务的理论与实践研究［M］．北京：中国人民大学出版社，2014.

［161］文森特·奥斯特罗姆．美国地方政府［M］．井敏、陈幽泓译．北京：北京大学出版社，2004.

［162］武静．政府购买公共服务中的政府责任研究［J］．山东科技大学学报（社会科学版），2013（04）：89－94＋101.

［163］夏超尘．PPP项目利益相关者组织间关系研究［D］．重庆大学，2014.

［164］项显生．论我国政府购买公共服务主体制度［J］．西北政法大学学报，2014（05）：69－77.

［165］谢川波，安丽娟．金融控股公司的有效监管——基于激励相容理论视角［J］．财经科学，2010（12）：32－39.

［166］徐东，程翔宇，秦弋．政府购买学前教育服务的现实性分析［J］．山东理工大学学报（社会科学版），2014（03）：96－99.

［167］徐家良，赵挺．政府购买公共服务的现实困境与路径创新：上海的实践［J］．中国行政管理，2013（08）：26－30.

［168］许光建，吴茵．政府购买公共服务国际经验比较与借鉴［J］．人民论坛，2013（32）：24－25，256.

［169］许建标，丛树海，汪崇金．公共支出归宿研究文献综述［J］．上海经济研究，2013（01）：46－55.

［170］许益军．政府购买公共服务：从制度设计到操作细节［J］．群众，2014（02）：64－65.

［171］许芸．从政府包办到政府购买——中国社会福利服务供给的新路

径［J］. 南京社会科学，2009（07）：101－105.

［172］薛无瑕，蒋省三，裴建，蔡建旺. 从财政经费视角研究政府购买社会组织服务——基于温州市社会组织参与购买服务的能力及意愿的调查［J］. 经济研究参考，2013（29）：19－22.

［173］亚当·斯密. 国民财富的性质和原因的研究（下卷）［M］. 北京：商务印书馆，1996.

［174］闫海，唐屾. 论政府购买教育服务的制度建设［J］. 地方财政研究，2014（04）：18－22.

［175］闫娟. 政府购买公共服务绩效评估指标体系模型构建与阐释——基于多元取向的立体复合型指标体系模型［J］. 改革与开放，2016（19）：7－10.

［176］颜泽贤，范冬萍，张华夏著. 系统科学导论［M］. 北京：人民出版社，2006.

［177］杨宝，王兵. 政府购买公共服务模式的中外比较及启示［J］. 甘肃理论学刊，2011（01）：141－145.

［178］杨戚. 论政府购买公共服务中的公众参与［J］. 信息化建设，2006（07）：3.

［179］杨柳. 政府购买公共服务中主体间互动关系风险探析［J］. 人民论坛，2015（29）：47－49.

［180］杨琦，罗遐. 政府购买居家养老服务问题研究——基于新公共服务理论的视角［J］. 长春大学学报，2014（05）：17－20.

［181］杨燕英，杨琼，刘腾飞. 提升社会组织承接政府购买公共服务能力研究［J］. 中国民政，2017（09）：35－37.

［182］叶托. 超越民营化：多元视角下的政府购买公共服务［J］. 中国行政管理，2014（04）：58－63.

［183］易志坚，汪晓林，王丛虎. 政府购买公共服务的几个基本概念界定［J］. 中国政府采购，2014（04）：23－25.

［184］尹文嘉. 政府购买公共服务的交易费用经济学分析［J］. 商业时代，2013（29）：104－105.

［185］俞可平. 改善我国公民社会制度环境的若干思考［J］. 当代世界与社会主义，2006（01）：4－10.

［186］俞可平. 全球治理引论［J］. 马克思主义与现实，2002（01）：

20 – 32.

[187] 袁同成. 当前政府购买社会组织服务评估模式存在的问题及对策 [J]. 社会科学辑刊, 2016 (01): 58 – 62.

[188] 詹国彬. 需求方缺陷、供给方缺陷与精明买家——政府购买公共服务的困境与破解之道 [J]. 经济社会体制比较, 2013 (05): 142 – 150.

[189] 张兵, 左平桂. WUA 与农民专业合作组织相互配合的效果评价——基于 DID 模型分析 [J]. 农业技术经济, 2009 (01): 100 – 104.

[190] 张海, 范斌. 政府购买社会组织公共服务方式的影响因素与优化路径 [J]. 探索, 2013 (05): 152 – 157.

[191] 张豪, 张向前. 日本政府购买服务、社会资本合作与社会组织发展 [J]. 现代日本经济, 2017 (01): 15 – 26.

[192] 张峻. 政府购买公共服务中 PPP 模式的构建 [J]. 财经界 (学术版), 2016 (20): 157.

[193] 张汝立, 陈书洁. 西方发达国家政府购买社会公共服务的经验和教训 [J]. 中国行政管理, 2010 (11): 100 – 104.

[194] 张维迎. 博弈论与信息经济学 [M]. 上海: 上海人民出版社, 2012.

[195] 张旭升. 政府购买居家养老服务参与主体的行动逻辑研究 [D]. 南京大学, 2011.

[196] 张雅勤, 陈秀峰. 非营利组织的公平物品供给优势及路径——以"春蕾计划"为例的分析 [J]. 学习与实践, 2010 (10): 101 – 106.

[197] 张艳芳. 弥补公共服务供求缺口: 政府购买公共服务离此目标还有多远——以基本公共服务为例 [J]. 商业研究, 2016 (05): 66 – 75.

[198] 章辉. 明确与完善政府购买服务的制度保障 [J]. 地方财政研究, 2014 (04): 9 – 12.

[199] 赵环, 严骏夫, 徐选国. 政府购买社会服务的逻辑起点与第三方评估机制创新 [J]. 华东理工大学学报: 社会科学版, 2014 (03): 1 – 6.

[200] 珍妮特 · V. 登哈特, 罗伯特 · B. 登哈特. 新公共服务——服务, 而不是掌舵 [M]. 北京: 中国人民大学版社, 2004: 127.

[201] 郑华. 预算软约束视角下地方政府过度负债偏好的制度成因分析 [J]. 财政研究, 2011 (01): 48 – 51.

[202] 郑卫东. 上海市政府购买公共服务研究探析 [J]. 招标与投标,

2013 (11): 40 -46.

[203] 钟慧澜，章晓懿. 激励相容与共同创业：养老服务中政府与社会企业合作供给模式研究 [J]. 上海行政学院学报，2015 (05): 33 -42.

[204] 周宝砚，吕外. 英国政府购买公共服务特点及启示 [J]. 中国政府采购，2014 (11): 80 -82.

[205] 周兰翠. 政府购买公共文化服务：理论逻辑与实践形态 [J]. 地方财政研究，2014 (04): 23 -28.

[206] 朱晓红，陈吉. 北京市政府购买社会组织服务的组团模式解读 [J]. 北京航空航天大学学报 (社会科学版)，2014 (07): 1 -5.

[207] 宗承刚，张殿镇. 小微企业参与政府购买公共服务的价值分析 [J]. 中央财经大学学报，2016 (05): 17 -24.

[208] 邹国庆，高向飞，高春婷. 组织间关系的作用机制：基于合法性与交易费用的研究视角 [J]. 软科学，2010 (02): 49 -54.

[209] 左林，白亚静. 谁约束了政府购买 [J]. 财经，2012 (11): 86 -89.

[210] Barbara Peat, Dan L. Costley, 2008, "*Purchase of Service Contracting: Proposal Rating as a Moderator*", vol. 4, No. 2.

[211] Boston, 1996, "The use of contracting in the public sector—recent New Zealand Experience", AJPA, vol. 55, No. 3.

[212] Burton Weisbrod, 1972, Toward a Theory of the Voluntary Non - profit Sector Economy, University of Wisconsin.

[213] Debiprosad Majumdar, 2004, "*The Community Funding Agency and the voluntary sector: Purchase of service contracting in Otago /Southland*", RESEARCH & EVALUATION, vol. 5, No. 88.

[214] Donahue, John D, 1989, The privatization decision: public ends private means. New York: Basic Books, Inc. Publishers.

[215] Green, R., Maximizing the Use of Performance Contracts. Skills for Effectible Management of Nonprofit Organizations. Washington, DC: NASW Press, 1998.

[216] Graeme A. Hodge, 2000, Privatization: An International Review of Performance, Westview Press.

[217] Hefetz, A., Warner, M. E. Beyond the Market vs. Planning Di-

chotomy: Understanding Privatisation and Its Reverse in US Cities. Local Government Studies, 2007, 33 (4).

[218] Hensmann, Henry B, 1980, "*The role of Nonprofit Enterprise*", The Yale Law Journal, 89 (5): 835 -901.

[219] James A. Mirrlees. The Optimal Structure of Incentives and Authority within an Organization [J]. The Bell Journal of Economics, 1976: Vol. 7, No. 1, 105 -131.

[220] Jing, Y. J., Chen, B. Is Competitive Contracting Really Competitive? Exploring Government - Nonprofit Collaboration in China. International Public Management Journal, 2012, 15 (4).

[221] John A. Rehfuss, 1989, Contracting Out in Government: A Guide to Working with Outside Contractors to Supply Public Services, Jossey - Bass.

[222] Kevin Lavery, 1999, Smart Contracting for Local Government Services: Processes and Experience, Praeger Publishers.

[223] Kooiman J. 1993. Modern Governance: New Government - Society Interactions. London: SAGE Publication, 12.

[224] OECD (1997): Robert G. Fay. Making the Public Employment Service More Effective through the Introduction of Market Signals.

[225] Oliver Hart, A Shleifer, and RW Vishny, 1997, "*The Proper Scope of Government: Theory and an Application to Prisons*", Quarterly Journal of Economics 112, No. 4.

[226] Ostrom, V. & Ostrom, E.. Public Goods and Public Choices. Alternatives for Delivering Public Services: Toward Improved Performance. New York: West view Press. 1977.

[227] Peter Graefe, "*Personal services in the post - industrial economy adding nonprofits to the welfaremix*", Social Policy & Aclministration, 2004 (10).

[228] Pfeffer, J., Salancik, G. The External Control of Organizations: A Resource Dependence Perspective. California: Stanford University Press, 2003. p2.

[229] R. Duane Ireland & Michael A. Hitt and Deepa Vaidyanath. Alliance management as a source of competitive advantage [J]. Journal of Management, 2002, 28 (3): 413 -446.

[230] Rhodes R. A. W. Uderstanding Governance: Policy Networks, Governance, Reflexivity and Accountability. Beckingham: Oxford University Press, 46 - 60, 1997.

[231] Richard Abel Musgrave. The Theory of Public Finance: A study of Public Economy. New York: McGraw - Hill Book Company, 1959: 15.

[232] Royce Hanson. "*The Urban Future New Policies and Issues*". Journal of Housing, Janurary/February, 1987.

[233] Simon Domberger: The Contracting Organization: A Strategic Guide to Outsourcing: A Strategic Guide to Outsourcing, OUP Oxford, 1998.

[234] Sundquist, James. Privatization: No Panacea for What Ails Government. in Brooks, H., Liebman, L., Schelling C. S. eds. New Opportunities for Meet Social Needs. Cambridge: Ballinger, 1984.

[235] Veiko Lember, Kenneth A. Kriz, Purchase - of - Service Contracting in Estonia., Administrative Culture, Vol. 2, No. 239, 2010.

[236] Warner M. E. and Hefetz A. Insourcing and outsourcing, Journal of the American Planning Association (2012) 78: 313 - 327.

[237] Warner M. E. Privatization and urban governance: the continuing challenges of efficiency, voice and integration, 2012 (29): 38 - 43.

[238] Young Chool Choi: The Dynamics of Public Service Contracting: The British Experience Policy Press, 1999.

[239] Dehoog, R. H., Competition, negotiation or cooperation: Three models for service contracting. Administration And Society, Vol. 22, No. 3, 1990.

[240] Hodge, G. A., Privatization: An International Review of Performance. Oxford: Westview Press, 2000.

[241] Johnston, J. M. and Romzek, B. S., Contracting and accountability in state medical reform: Rhetoric, theories, and reality. Public Administration Review, Vol. 59, No. 5, 1999.

后　记

自 2014 年起，本人开始关注政府购买公共服务问题。笔者认为，我国政府购买公共服务是历史发展、社会变革和政府转型的必然产物。它起源于我国改革开放和政府公共行政改革的历史背景，扩展于全面深化改革和全面建设小康社会的历史进程，扎根于我国经济转型、社会发展和国家治理的深厚土壤，蓬勃发展自我国全面深化政府和社会治理改革的鲜活实践，蕴含着特定的发展和改革的深刻内涵。现阶段对政府购买公共服务的主体行为进行研究的现实意义在于，有助于更好地满足人民群众不断增长的公共服务需求，能够为促进政府职能转变提供可行的途径，有利于创新公共服务供给体制，促进社会基本公共服务的公平正义，为事业单位身份重构过程中治理能力的提升提供有效载体。

本书是在山东省社科规划项目（项目编号：17CJJJ10）：基于平衡记分卡的政府购买公共服务绩效评价、山东省高等学校人文社科计划一般项目（项目编号：J17RB067）：政府购买公共服务的主体行为研究和山东省重大财经应用研究课题（项目编号：ZDCJ－2016－21）：政府购买服务支持事业单位改革研究等项目的基础上，重新整理完成的。在调研和撰写过程中，得到了领导、师长、同事、同学、朋友的大力支持和热情帮助，在此，向他们致以真挚的感谢。感谢山东科技大学学术出版基金对本书的出版资助。

感谢出版社的辛勤工作，感谢各位读者，你们的宝贵意见是本书不断完善的源泉动力。

作者

2018 年 11 月